# AGOTADO, AGOBIADO Y MAL PAGADO

### ¡Pasos sencillos para ir del estrés al éxito!

## LOUIS BARAJAS

**GRUPO NELSON**
Una división de Thomas Nelson Publishers
*Desde 1798*

NASHVILLE   DALLAS   MÉXICO DF.   RÍO DE JANEIRO   BEIJING

Traducción: *Enrique Chi*
Diseño de página: *Lori Lynch*
Diseño de la portada: *Identity Crisis*
Diseño de página: *Lori Lynch*
Adaptación de la presentación original: *© 2008 Thomas Nelson, Inc*

ISBN: 978-1-60255-115-2

Impreso en Estados Unidos de América

08 09 10 11 12 RRD 9 8 7 6 5 4 3 2 1

# Dedicatoria

Diariamente me encuentro con individuos que se sienten agotados por el trabajo, agobiados y mal pagados, pero que están comprometidos a hacer los cambios que sean necesarios para crear estabilidad, éxito y abundancia.

Dedico este libro a todos los que han compartido sus historias conmigo y que me han contado cómo han empleado mis libros para cambiar su destino financiero. Su valor y su éxito me inspiran a continuar con esta obra a fin de ayudar a las personas a utilizar el éxito financiero de modo que expresen su potencial pleno y cumplan el propósito de sus vidas.

# Contenido

# Prefacio

Si bien muchos de nosotros nos emocionamos por las siglas de nuestra *alma mater*, sea esta USC o BYU o UTA, por ejemplo, lo cierto es que la camiseta que la mayoría de nosotros estamos usando dice AAMP, lo cual significa: «Agotado, agobiado y mal pagado».

En esta importante, sincera y bien investigada obra, el planificador financiero y maestro comunicador Louis Barajas puntualiza un sistema detallado que permite identificar y remediar los problemas que trae el complejo estilo de vida de la actualidad.

Me impactó de modo especial la sección que trata sobre la necesidad de simplificar nuestras vidas. Recientemente tomé una enorme hoja autoadhesiva y la coloqué en una pared de mi oficina. Tomé cuatro marcadores de colores diferentes y escribí el nombre de cada uno de los proyectos en los cuales estaba trabajando, o los cuales estaban trabajando en mí. El total ascendió a treinta y ocho. ¡Con razón yo también me sentía agotada, agobiada y mal pagada! Así que fue con mucho entusiasmo que devoré el manuscrito que me dio Louis, sabiendo que es genial cuando de simplificar prioridades se trata, al igual que para establecer sistemas para la toma de decisiones.

Peter Drucker ha dicho que el nuevo obrero con conocimiento la tiene más difícil que el antiguo obrero de línea de ensamblaje, porque estos saben, o sabían, precisamente lo que se suponía que hicieran. Sin embargo, el obrero con conocimiento de ahora no sólo tiene que ejecutar el plan de trabajo, sino también elaborarlo. Esto aplica una mayor presión a los cerebros que no han sido diseñados para efectuar las tareas múltiples que se les exigen hoy. Recientemente leí que tratar de lograr más de tres cosas al mismo tiempo lo conduce a uno al nivel de rendimiento de un individuo que está drogado. Estamos tan impulsados por nuestra lista de «quehaceres», que nos hemos olvidado de nuestra lista de «qué es-ser».

«Ser o no ser, he aquí la cuestión», escribió William Shakespeare. Esa frase es la pregunta para nuestra sociedad laboral.

Accedí a escribir este prefacio porque Louis me ha demostrado a mí, y a tantos otros, que tiene un nivel genial de rendimiento cuando se trata de planificación financiera, pero más importante quizás es la demostración de su vida ante su familia, su comunidad y sus amigos.

Todo autor vierte tiempo, energía y reflexión en su obra.

Lo que Louis Barajas nos ofrece en su libro más reciente es un regalo de sabiduría, asombro y, en última instancia, amor.

Laurie Beth Jones, autora de
*Jesus, CEO; The Path; y Jesús, entrenador para la vida*
14 de febrero de 2008
San Diego, California

# Introducción

En 1991 fundé un negocio de planificación financiera en el barrio hispano del este de Los Ángeles. La mayoría de mis clientes eran latinos con salarios modestos, pero que necesitaban de la misma clase de buena planificación y educación financiera que los individuos con millones en sus cuentas bancarias. Fue en el barrio que vi por primera vez cómo el estrés afectaba a un noventa por ciento de los trabajadores. Una y otra vez escuché a personas contarme que sentían que trabajaban demasiadas horas, que siempre había demasiado que hacer y que no recibían compensación adecuada por sus esfuerzos. Al igual que la mayoría de los asesores financieros, yo creía que una buena planificación financiera y un mayor ingreso ayudarían a aliviar el estrés financiero que mis clientes estaban experimentando.

En el 2003 escribí un libro titulado *El camino a la grandeza financiera*, un manual para ayudar a los latinos (muchos de los cuales tenían acceso mínimo a información sobre finanzas) a vencer sus limitantes creencias culturales sobre el dinero y desarrollar un plan para crear mayor prosperidad. En el libro se discuten los componentes básicos de la planificación financiera y se muestra a los lectores cómo reconocer a los depredadores financieros que existen en sus comunidades. Sabiendo que la mayoría de los lectores a los que me dirigía tenían recursos escasos y poco acceso a librerías, mi plan de mercadeo fue atraer patrocinadores que tuvieran interés en utilizar mi libro como vehículo para lanzar o fortalecer sus marcas en la comunidad latina.

En poco tiempo empresas reconocidas en la lista *Fortune 500* tales como Sears, Nationwide Insurance, JP Morgan Chase, Bank of America y DaimlerChrysler se pusieron en contacto con nosotros. Con el apoyo que nos brindaron, en los últimos años he realizado cientos de presentaciones, talleres y entrevistas en los medios de comunicaciones a través de todo el país, y he hablado con miles de latinos que nunca antes tuvieron conocimiento de la planificación financiera.

Sin embargo, durante esas giras observé que las personas que laboraban detrás del telón —el personal de aquellas empresas tipo Fortune 500 que me patrocinaban y el de relaciones públicas que los representaban— comentaban que sentían más estrés que los participantes de mis talleres. Escuché decir lo mismo a algunos directores ejecutivos y al personal de organizaciones sin fines de lucro que enseñan conceptos financieros. Realmente no importaba cuánto ganaban esos individuos ni los cargos que ocupaban. En casi todas las circunstancias, niveles económicos, estados civiles, títulos laborales o tiempo en el empleo, tales individuos a través de Estados Unidos afirmaban sentirse agotados de trabajo, agobiados y mal pagados.

Durante esa época también llegué a ser el primer miembro de una minoría étnica en ser elegido al consejo nacional de la Financial Planning Association [Asociación para la Planificación Financiera], la cual promueve el valor de la planificación financiera y avanza la profesión de la planificación financiera. Mientras formaba parte de ese consejo sostuve pláticas —con profesionales financieros respetados en todo el país— sobre mis logros con los trabajadores de escasos recursos. Pronto me percaté de que la manera en la cual mi firma practicaba difería significativamente de lo común. Ofrecemos planificación financiera con un enfoque humano, uno que sirve al estadounidense promedio que lucha no sólo con sus finanzas sino también con su vida. En vez de enfocarnos en el tamaño del saldo en la cuenta bancaria, de la cartera de inversiones o de la cuenta de jubilación de nuestros clientes, nuestro enfoque siempre ha sido elaborar planes que muestren a nuestros clientes cómo vivir mejores vidas hoy, mañana y en el futuro. Esta planificación de la vida basada en lo humano funciona bien para los clientes, ya sea que ganen 50,000 dólares, 500,000 o 5 millones, puesto que todos tenemos sentimientos y deseos similares. Las formas en las cuales decidimos experimentar esos sentimientos y satisfacer esos deseos establece la diferencia entre sentirse exitoso o estresado.

Soy planificador financiero y mi experiencia gira en torno a ayudar a otros a usar sus recursos de tiempo, dinero y talento para crear vidas más felices. Por esa razón este libro se enfoca en cómo emplear tu tiempo, dinero y talentos para sacarles el máximo provecho. ¿Es el dinero un componente de una vida mejor? Por supuesto. Pero también lo es la satisfacción en el empleo, pasar tiempo con tu familia, utilizar tus habilidades y talentos al grado más elevado, vivir de acuerdo a tus valores y sentir que tu vida hace una diferencia. Además, cuando dedicas apenas unos cuantos minutos a deshacerte de algunas creencias antiguas e incorrectas, a aclarar las prioridades de tu vida y a poner planes en su lugar para tu existencia, tu trabajo y tus finanzas, hallarás que en lugar de sentirte agotado, agobiado y mal pagado, empezarás a sentir dos emociones muy diferentes, las cuales son la marca del éxito genuino: felicidad y gratitud.

*Agotado, agobiado y mal pagado* trata acerca de crear una vida de éxito con los recursos de planificación y guía financiera que empleo a diario con mis clientes. He diseñado este libro de modo que sea sumamente interactivo, por lo que te animo a que hagas los ejercicios, llenes los formularios y utilices las herramientas descritas en estas páginas. Puedes emplear los formularios del libro, descargar copias de los mismos a tu computadora o dispositivo portátil, o llenarlos de modo interactivo en mi sitio web, www. louisbarajas.com. (En el sitio web también hallarás dos valiosos capítulos adicionales: uno sobre cómo desarrollar confianza al lograr las metas y otro sobre pasos sencillos para crear un plan financiero.) Este libro es para todos los que se sientan frustrados y luchen por expresar su potencial pleno, vivir su propósito máximo, sea este cual sea: ser el mejor padre o madre para tus hijos, tener lo suficiente para que tú y tu familia puedan vivir cómodamente, manejar un negocio de éxito o algo tal vez mayor. No importa cuál sea tu sueño, creo que este libro puede ayudarte a crear la prosperidad y la pasión que necesites para lograrlo y seguir disfrutando de la vida en el proceso. Anticipo con gozo escuchar tus historias de cómo te uniste a las filas de los *antiguamente* agotados, agobiados y mal pagados.

# CAPÍTULO UNO

# Agotado, agobiado y mal pagado: La trampa de la vida moderna

En este capítulo aprenderás...

⇒ cómo es que estamos trabajando más, haciendo más y recibiendo menos paga por ello que nunca;

⇒ los síntomas que te mostrarán si estás agotado, agobiado o mal pagado;

⇒ cómo es que cambiar tu modo de pensar es el primer paso para escapar de la trampa de estar agotado, agobiado y mal pagado;

⇒ las tres claves para tomar las riendas de tu vida: mentalidad, dinero y significado; y

⇒ cómo desarrollar las soluciones, estrategias y sistemas que te llevarán del estrés al éxito.

¿Cuánto estrés estás experimentando en la actualidad? ¿Te estimula la idea de tu futuro financiero? En el trabajo, ¿utilizas tus talentos plenamente? ¿Está tu día lleno de acciones organizadas que te acercan cada vez más a tus metas y a la vez te deja tiempo suficiente para los ejercicios, el relajamiento, la familia y los amigos? ¿Te sientes apreciado y bien remunerado por el trabajo que desempeñas? O, como el resto de nosotros, ¿pasas tus días a lo que pareciera ser supervelocidad, con cinco veces más cosas que hacer que las que un individuo es físicamente capaz de lograr, atascado en un trabajo en el que te sientes subutilizado y mal remunerado, extremadamente estresado, y pasando por alto las actividades y personas que son importantes para tu salud, tu cordura y tu felicidad?

Bienvenido al siglo veintiuno en Estados Unidos, la tierra de los atrapados y hogar de los estresados. Hoy pareciera que no importa cuál sea nuestro ingreso o situación laboral, una cantidad excesiva de nosotros estamos luchando, viviendo en desesperación financiera. Tal desesperación existe en vecindarios en los que las personas conducen automóviles bonitos, viven en casas de buen tamaño, se toman vacaciones magníficas y envían a sus hijos a escuelas privadas, pero están a una quincena de la bancarrota. Vemos la desesperación en parejas en las cuales el esposo y la esposa tienen dos o tres trabajos para apenas pagar todas las cuentas, o en una madre o un padre soltero que se siente atrapado entre proveer financieramente para sus hijos y pasar tiempo con ellos. Lo más triste de todo es que vemos la desesperación en personas que empezaron con esperanzas y sueños magníficos, para despertar veinte años después y darse cuenta de que la vida los ha pasado de largo. Han pasado sus vidas ocupados con trabajos insatisfactorios que les impidieron convertir sus sueños en realidad o pasar tiempo con sus familiares y amigos.

Desempeñando mi labor como planificador financiero autorizado [Certified Financial Planner™] y experto en planificación para las cosas importantes de la vida, he servido como consultor a clientes cuyos ingresos oscilan entre las decenas de miles y las decenas de millones de dólares, personas con patrimonios negativos y multimillonarios, obreros y oficinistas, comerciantes y directores ejecutivos, a todos los niveles. La mayoría de ellos visitaron mi oficina o me hablaron en una presentación, describiéndose a sí mismos con tres palabras: *agotados*, *agobiados* y *mal pagados*.

Dado lo que ha sucedido en la fuerza laboral de Estados Unidos en el último cuarto de siglo, eso no me sorprende.

## Estamos trabajando más...

» Según la información presentada en la Conferencia de 1999 del National Institute for Occupational Safety & Health [Instituto Nacional de Seguridad y Salud Ocupacional], las personas en Estados Unidos trabajan aproximadamente ocho semanas más que en 1969, pero reciben aproximadamente el mismo salario (luego de ajustarlo por la inflación).

» En el 2002, las mujeres trabajaron un promedio de 43.5 horas pagadas y no pagadas por semana, lo cual equivale a un aumento de 4.5 horas desde 1977. Las madres trabajaron un poco menos, 41.2 horas. Los hombres trabajaron un promedio de 49 horas pagadas y no pagadas por semana. Los padres en realidad trabajaron *más tiempo*: 50.4 horas por semana.

» Para el 2002, un setenta y ocho por ciento de trabajadores casados eran parejas con ingreso doble (es decir, ambos cónyuges trabajando). Juntos, los cónyuges de una pareja con ingreso doble trabajaron un promedio de *noventa y una horas por semana*, lo cual corresponde a un aumento de diez horas por semana desde 1977.

» Casi la mitad (cuarenta y cinco por ciento) de los trabajadores con familia afirman que sus trabajos interfieren «algo» o «mucho» con su vida familiar. Una tercera parte (treinta y tres por ciento) de los trabajadores tiene contacto con su empleo una o más veces por semana fuera de las horas normales de trabajo. En una encuesta sobre asuntos familiares realizada en 1998 por The National Partnership for Women & Families [La Asociación Nacional a Favor de las Mujeres y las Familias], un setenta por ciento de los padres y madres con empleos indicaron que no tenían tiempo suficiente para sus hijos.

» Los estadounidenses trabajan más horas por año que los obreros de los demás países salvo Nueva Zelanda, según la Organización para la Cooperación y el Desarrollo Económico (OCDE).

» Uno de cada tres trabajadores en Estados Unidos, un treinta y tres por ciento de la fuerza laboral, indica que se siente sobrecargado de trabajo como condición crónica.

» Según una encuesta realizada en el 2000 por el Radcliffe Public Policy Center [Centro de Política Pública Radcliffe] con Harris Interactive, un setenta por ciento de los hombres entre los veintiún y veintinueve años de edad, y un setenta y uno por ciento de los hombres entre los treinta y cuarenta años de edad indican que desean poder pasar más tiempo con sus familias y estarían dispuestos a sacrificar parte de su salario por hacerlo.

» En un estudio sobre personal administrativo realizado en el 2002, un treinta y dos por ciento de los trabajadores indicaron que la primera prioridad en sus carreras era lograr un equilibrio entre el trabajo y la vida, seguido por la seguridad en el empleo (veintidós por ciento) y un salario competitivo (dieciocho por ciento).

# Nos sentimos agobiados...

» Más de la mitad (cincuenta y seis por ciento) de los empleados indican que frecuentemente o muy frecuentemente (1) tienen que trabajar en demasiadas tareas al mismo tiempo, y (2) tienen interrupciones durante la jornada laboral y se sienten agotados y agobiados como resultado de ello.

» Más de una cuarta parte (veintiséis por ciento) de la fuerza laboral estadounidense cada año no toma vacaciones, y un cuarenta y seis por ciento de los que sí las toman se sienten agobiados por el trabajo que les espera. Describen sentir como que se están «ahogando» en trabajo acumulado.

» La cantidad de tiempo que las parejas pasan con sus hijos en los días laborales ha aumentado en los últimos veinticinco años a 6.2 horas. Esto significa que los padres tienen menos tiempo para sí mismos. El padre tiene un promedio de 1.3 horas por día (disminuido de 2.1 horas en 1977) y las madres en promedio tienen *menos* de una hora para sí mismas (0.9 hora, en comparación con 1.6 horas en 1977). ¿Acaso sorprende que las familias se sientan agobiadas?

# Estamos quedando cada vez más rezagados financieramente...

» Desde el 2001 las escalas salariales reales por hora aumentaron apenas en un tres por ciento para el trabajador de ingresos medianos, y no hubo progreso alguno después del 2003.

» Cada año, aproximadamente un cuarenta y tres por ciento de las familias estadounidenses gastan más de lo que ganan.

» Los estadounidenses han acumulado más de 700 mil millones de dólares en deudas de tarjetas de crédito bancarias y de tiendas individuales. En cualquier momento, el hogar promedio tiene aproximadamente 8,000 dólares en deudas de tarjetas de crédito. En el 2007, el índice de morosidad en las cuentas de tarjetas de crédito ascendió a niveles no vistos por tres años.

» Según las estadísticas de la Reserva Federal, para noviembre del 2007 los consumidores estadounidenses debían 2,505 trillones de dólares, lo cual representa un aumento de más de 64 mil millones de dólares en un solo año. Esta cifra no incluye deudas hipotecarias.

❊ ❊ ❊

Permíteme presentarte a dos personas que son ejemplos clásicos de este problema. Recientemente Marie y Jim visitaron mi oficina en el sur de California, para una sesión de planificación financiera. Jim es maestro de ciencias en una escuela secundaria y Marie es administradora de una empresa de construcción. Tienen una hija y Jim paga una pensión de mantenimiento para un hijo de un matrimonio previo.

Marie y Jim llegaron con treinta minutos de retraso a su cita. Entraron apresuradamente pidiendo abundantes disculpas; habían tenido un problema con la guardería de su hija y la habían tenido que llevar a la casa de la madre de Marie. Jim había llevado su automóvil al taller ese día y Marie se había retrasado en la oficina con un problema de trabajo, de modo que salieron más tarde de lo que habían planeado. Para colmo, había un embotellamiento en la autopista que abarcaba más de ocho kilómetros.

Cuando finalmente se sentaron en mi oficina, Jim estaba malhumorado y Marie estaba poco comunicativa. Les pregunté por qué habían venido a verme. Jim empezó a hablar acerca de ahorrar para su jubilación y para los estudios universitarios de sus hijos, pero Marie lo interrumpió.

—Para decirte la verdad, Louis, lo que realmente nos gustaría hacer es salir de Los Ángeles, trasladarnos a las afueras en donde las casas son más baratas, y ver si podemos recuperar nuestras vidas —dijo sombríamente—. Los dos pasamos demasiado tiempo en el trabajo y siento que la mitad de mi trabajo es tramitar papeles, en lugar de administrar. Y aunque he tomado muchas más responsabilidades laborales, todavía me pagan lo mismo. El salario de Jim, por ser maestro, siempre ha sido bajo, así que sobrevivimos pero no estamos ahorrando nada para el día malo, mucho menos para la jubilación o la universidad.

Jim estuvo de acuerdo.

—Me gusta mi trabajo, y no quiero dejar de enseñar, pero sencillamente parece que nunca tenemos suficiente tiempo o dinero. El único tiempo que pasamos con los niños es cuando los llevamos a actividades después de la escuela o en los fines de semana. Llegamos a la casa, preparamos la cena y califico exámenes mientras Marie trabaja con los libros de su empresa. Los dos caemos en la cama exhaustos a la media noche. No hemos salido a cenar ni ido al cine en meses, ni hablar de vacaciones. ¡Queremos escapar de esta trampa!

Marie y Jim son personas típicas de clase media que vemos agotadas, agobiadas y mal pagadas. Pero con el paso de los años he descubierto que este tipo de estrés no es desconocido en las mansiones ni en las oficinas de los ejecutivos. Como autor y experto en finanzas, he trabajado con varias empresas de la lista de *Fortune 500* que patrocinan mis talleres sobre educación financiera y planificación para los segmentos de menor representación de la población. He podido pasar tiempo con altos ejecutivos y jefes de firmas de relaciones públicas, profesionales de los medios noticiosos y oficiales de muchas organizaciones sin fines de lucro. Y cada vez que mencionaba que estaba escribiendo un libro acerca de los que están agotados, agobiados y mal pagados, personas de todo nivel de ingresos me decían: «¡Ese soy yo!» Una mujer de mucho éxito, Susan, jefa de una firma de relaciones públicas, vivía en Texas con su esposo y sus dos hijas. Ella había sido reconocida como una de las mujeres de negocios más importantes de su campo en el año previo. Tenía diez empleados jóvenes con empuje y una cartera de clientes de alto perfil. Sin embargo, me dijo que se sentía agotada, agobiada y mal pagada, al igual que los participantes de mis seminarios.

«Trabajo todo el tiempo y mi salario es de seis cifras, pero estoy sintiendo mucha presión por tantos viajes que hago —dijo ella—. No puedo pasar tiempo con mi esposo y mis hijas. Mi trabajo parece consistir mayormente en apagar incendios, en lugar de hacer las cosas que realmente disfruto. Pienso: *¡No me pagan lo suficiente por hacer esto!* Y no soy sólo yo, somos todos en mi firma. Cuando nos reunimos durante el almuerzo, el tema siempre es que nos sentimos agotados, agobiados y mal pagados».

Aun esos individuos afortunados que están a un nivel que se diría que «lo tienen todo», en realidad no lo tienen. Recientemente leí un artículo acerca de la productora ejecutiva más importante de un programa noticioso nacional. Ella está a principios de sus cuarenta, soltera y en el pináculo absoluto de su profesión, y bien pagada; pero hablaba de trabajar muchas horas, sentirse abrumada y de no tener vida fuera de su trabajo. «No sé si este trabajo merece que renuncie a mi vida», reconoció.

No importa tu nivel de ingresos, o el cargo que ocupes, tal vez tú también seas uno de los millones que pasan los días, semanas, meses y años sintiéndose estresados, insatisfechos, trabajando demasiado y recibiendo muy poca paga, pero con poca o ninguna idea acerca de cómo cambiar las cosas. Mira cuáles de las declaraciones siguientes se aplican a tu caso:

## Estás agotado por el trabajo si...

⇒ Siempre trabajas más de cuarenta horas a la semana.

⇒ No tomaste vacaciones durante el año pasado. Y si las tomas, no puedes relajarte porque siempre te están llamando por una emergencia, o te sientes culpable por no llamar a la oficina para ver cómo van las cosas.

⇒ Tu trabajo no emplea tus talentos y habilidades a su máxima plenitud.

⇒ Sientes que tu jefe o tus compañeros de trabajo o tus clientes no aprecian tus esfuerzos.

⇒ Debido a tu trabajo te has perdido más de un evento importante con tu familia (un recital, una actividad deportiva, un acto en la iglesia, etc.).

⇒ Tu familia no comprende cuando les dices que no pasas tiempo en casa porque estás trabajando duro por ellos.

⇒ Has pensado en renunciar por lo menos una vez durante el mes pasado.

## Estás agobiado si...

⇒ Parece que cuanto más trabajo realizas, más tienes por hacer. Has fallado por lo menos a una fecha tope en los últimos seis meses.

- ⇒ No tienes tiempo suficiente para pasarlo con tu familia y tus amigos. Tú y tu cónyuge siempre se proponen salir juntos, pero una emergencia en el trabajo o en la casa parece surgir cuando hacen planes.

- ⇒ Cuando piensas en todo lo que tienes que hacer, sientes cansancio o ansiedad.

- ⇒ Tu nivel de estrés ha afectado tu salud. Aplazas las visitas al dentista o al optometrista porque no tienes tiempo (o dinero) para ir.

- ⇒ Siempre estás apagando incendios y nunca puedes prepararte para nada.

- ⇒ Sientes que estás trabajando más duro que nunca para apenas mantenerte a flote.

*Estás mal pagado si...*

- ⇒ Trabajas una cantidad significativa de tiempo extra sin recibir paga.

- ⇒ Te sientes más estresado con las finanzas ahora que hace cinco años. Algunas veces tienes sueños pesados o pesadillas acerca de tus finanzas o tu trabajo.

- ⇒ Estás haciendo más trabajo hoy y recibiendo menos paga por ello, o no te sientes debidamente remunerado por la calidad de trabajo que desempeñas.

- ⇒ Empiezas a ahorrar dinero para una meta importante, pero siempre terminas gastándolo en una emergencia inesperada.

- ⇒ No importa cuánto ganes, no logras avanzar financieramente.

Cuando estás agotado, agobiado y mal pagado es como si estuvieras en una caja estrecha con paredes formadas de temor, complejidad, confusión y frustración. Todo lo que puedes hacer es golpear contra las paredes o caminar de un lado a otro de la caja, ya que es mejor tener la ilusión de que progresas que no tener movimiento alguno. Pero esta es la verdad: Estás en una caja que tú mismo te has hecho y caminar de un lado a otro no te llevará donde quieres ir. En los tres capítulos siguientes hallarás herramientas y técnicas específicas que te ayudarán a pasar de estar agotado, agobiado y mal pagado a estar equilibrado, bajo control y bien remunerado por desempeñar un trabajo con significado, pero esas herramientas y técnicas exigen que primero cambies tu manera de pensar y de sentir. Una vez que lo hagas, los cambios que desees hacer en tu trabajo, tu tiempo y tus prioridades serán mucho más fáciles de lo que crees en este momento.

## Mentalidad, dinero y significado

Pasar del estrés al éxito en las finanzas y en tu vida empieza con hacer cambios internos, no externos. La primera área en la que tienes que hacer un esfuerzo es la que está entre tus orejas. ¿Conoces (o has leído) de personas que cuentan con muy pocos recursos, pero son inmensamente felices? ¿O de otros que trabajan jornadas de quince horas, les encanta lo que hacen y aun así logran tener una excelente vida familiar? Pienso que logran hacer eso porque son ricos en recursos internos. Han dominado lo que llamo las tres claves: *mentalidad, dinero y significado.*

Puedes saber todo lo necesario para cambiar pero, a menos que asumas la *mentalidad* correcta, no creerás que puedes lograrlo. Tienes que creer que el cambio es posible y que hacer cambios te ayudará a ser una persona más feliz, más satisfecha y más exitosa. A lo largo de los años he descubierto que podía tratar de enseñarles a otros principios para el éxito financiero, pero si ellos no asumían la mentalidad correcta, no iban a ser capaces de absorber la información. La mayor parte de este libro se enfoca en ayudarte a desarrollar la mentalidad correcta para pasar del estrés al éxito.

La segunda clave que hay que comprender es que lo que crees en cuanto al *dinero* afecta dramáticamente el nivel de éxito que te permitirás disfrutar. Cada uno de nosotros sostiene creencias en cuanto al dinero que o nos apoyan o nos impiden cuidar de lo que tenemos y ganar más. Con mucha frecuencia nuestras creencias son obstáculos que nos detienen. Si crees que el dinero es la raíz de todos los males, por ejemplo, entonces subconscientemente sabotearás tus propios esfuerzos por acumular riqueza. Si crees que el dinero lo es todo, entonces te pasarás persiguiéndolo, en lugar de reconocer que lo que realmente deseas son cosas que crees que el dinero da: seguridad, significado, aprobación, amistad. Y si no crees que merezcas el dinero que estás ganando, entonces probablemente exigirás que te paguen menos de lo que vale tu trabajo y tendrás resentimientos cuando no te paguen lo que crees que mereces. Tus creencias en cuanto al dinero determinarán lo feliz o afligido que te sientas con tus posesiones o falta de ellas.

La tercera y última clave es el *significado*. ¿Cuál es la diferencia entre un individuo que se siente agotado por el trabajo, agobiado y mal pagado y otro que describe su vida como satisfactoria, emocionante y feliz? La diferencia radica en el *significado* que les damos a las cosas. ¿Alguna vez has tenido días en los que trabajaste por largas horas y llegaste a casa cansado, pero entusiasmado? ¿Has pasado por épocas en las cuales has tenido muchas tareas que lograr y, sin embargo, te has sentido sumamente productivo? ¿Has vivido momentos en los cuales trabajaste muchas horas que no te pagaron (trabajo voluntario, por ejemplo, o apoyando una actividad escolar de tus hijos) y, sin embargo, te sentiste bien recompensado? El significado proporciona la inspiración y la motivación para llevarnos a cumplir el trabajo que es importante para nosotros. El significado que asignamos a nuestras circunstancias determina cómo nos sentimos en cuanto a nuestras vidas y cómo nos sentimos en cuanto a nuestras vidas, en última instancia, determina tanto nuestros resultados como nuestro nivel de satisfacción. Tu mentalidad, las creencias en cuanto al dinero y el significado son tres de los componentes que han creado la sensación de agotamiento, agobio y mala paga que sientes en la actualidad. Aunque existen muchas estrategias para cambiar las circunstancias que han contribuido a tu manera de sentir, para pasar del estrés al éxito hay que empezar cambiando tu interior. En este libro estaremos trabajando con esos tres elementos para mostrarte un camino diferente.

# Cómo pasar del estrés al éxito

Cuando trabajo con dueños de empresas pequeñas, determinamos las cosas en las que necesitan enfocarse para lograr el éxito, después creamos *soluciones* para los desafíos que enfrenten y finalmente desarrollamos *estrategias* y *sistemas* que les ayuden a poner en marcha esas soluciones automáticamente. Lo mismo se hace cuando uno se siente agotado, agobiado y mal pagado. Es necesario que (1) determines en lo que debes enfocarte, (2) halles la solución para tus emociones y tus circunstancias y, finalmente, (3) desarrolles las estrategias y sistemas necesarios para sacarte del estrés y ayudarte a crear un mayor éxito.

Te he dado ejemplos de personas que estaban apresadas en la trampa de la vida agotada, agobiada y mal pagada. Ahora permíteme darte dos ejemplos de individuos cuyas vidas son más satisfactorias. El primero es mi padre. Por treinta años fue propietario de un taller de fundición de hierro en el barrio hispano del este de Los Ángeles. Trabajó duramente por muchos años y hubo épocas en las que él también laboró muchas horas por poco dinero. Pero, para él, sus familiares y amigos siempre tenían una prioridad alta. Era un hombre de negocios honorable y daba a sus clientes productos valiosos a cambio de su dinero. Tenía varios empleados que amaba y que lo amaban a él. Por las noches llegaba a casa agotado por las tareas, pero feliz por la labor cumplida, sintiéndose amado y atendido por su esposa e hijos. Cuando decidió jubilarse, le cedió el negocio al empleado que había pasado más tiempo con él. A través de los años mi padre había invertido en varias propiedades residenciales, por lo que ahora él y mi madre viven de los ingresos que les brindan sus bienes inmuebles. Todavía viven en la misma casa en el este de Los Ángeles y con el mismo estilo de vida modesto. Disfrutan el viajar y pasar tiempo con sus hijos y nietos.

Mi padre nunca tuvo ingresos grandes, pero siempre fue suficiente para sostener a nuestra familia. Él ve a las personas en su vecindario o en la televisión que hablan de sentirse agotadas por trabajar ochenta horas por semana y sólo menea su cabeza. «¿Por qué hacen eso, hijo?», me pregunta. «La vida es demasiado corta». Mi padre es un hombre sabio que siempre ha tenido claro quién es, cuáles son sus puntos fuertes y qué cosas son importantes para él. Ha vivido según sus valores y, aunque no es rico, es un hombre sumamente feliz y exitoso.

El otro ejemplo soy yo mismo. En varios momentos de mi carrera también me he hallado atrapado en la sensación de ser agotado, agobiado y mal pagado. Terminé divorciándome de mi primera esposa porque me dejé arrastrar por el deseo de lograr el éxito profesional a cualquier costo. Cuando inicié mi negocio de planificación financiera en el barrio y gané un gran total de doce mil dólares en mi primer año, ¡créeme que me sentí mal pagado! Por eso es que he dedicado estos últimos años desarrollando el enfoque, las soluciones, las estrategias y los sistemas que han ayudado a mis clientes y a mí mismo a pasar del estrés al éxito. He aprendido que cada uno de esos sentimientos —de ser agotado, agobiado y mal pagado—, tiene antídotos específicos, y he descubierto y afinado ciertas herramientas que he empleado con individuos de todos los niveles de éxito. Estas herramientas pueden ayudarte a dejar atrás el agotamiento, el agobio y la mala paga para siempre y edificar un fundamento fuerte para vivir una vida de éxito.

La mayoría vivimos vidas sin enfoque y desequilibradas. Es como ir en un viaje largo. No sé si te ha pasado que estás viajando por la autopista cuando de repente piensas: *¿Dónde estoy? ¿Por cuánto tiempo he estado conduciendo?* Resulta fácil quedarse hipnotizado por conducir kilómetro tras kilómetro y olvidar por qué estamos de viaje. En momentos así conviene detenernos en un lugar que nos permita estirar las piernas, tomarnos un descanso, bebernos un café, examinar el mapa, determinar dónde estamos y qué debemos hacer a continuación. Eso es lo que estas herramientas harán por ti; te ayudarán a dibujar un «mapa» nuevo para tu viaje del estrés al éxito.

agotado

# CAPÍTULO DOS

# De agotado a una vida equilibrada

En este capítulo descubrirás...

⇒ quiénes son las personas más importantes de tu vida;

⇒ en qué estás gastando tus energías, y en qué no;

⇒ los secretos de las personas que equilibran con éxito el trabajo y la familia; y

⇒ un plano de vida que hará que dejes de sentirte

agotado para llevarte a la vida verdadera.

Recientemente un hombre llamado Ricardo visitó mi oficina. Deseaba crear un plan financiero para que su esposa y tres hijos tuvieran recursos si algo llegara a sucederle.

—Mi padre murió cuando apenas tenía cincuenta años de edad —me dijo Ricardo—. Tengo cuarenta y ocho años y quiero asegurarme de que mis asuntos estén en orden.

—Ese es uno de los mejores regalos que puedes darle a tu familia —le dije—. Pero, ¿qué tal si planificas tu vida también y no tan sólo tu muerte? ¿Cuánto tiempo pasas con tu familia ahora mismo?

Ricardo se encogió de hombros.

—Mi trabajo ocupa cada minuto. Estoy en la oficina desde las siete de la mañana y no llego a casa antes de las ocho de la noche. Y encima me llevo trabajo a casa. Los fines de semana trato de ponerme al día con los papeleos y los emails. Siempre tengo al menos cinco proyectos que estoy supervisando o desarrollando, y las fechas de entrega son exigentes. Dos de mis mejores empleados renunciaron porque se sentían agotados y los nuevos que contratamos no están produciendo todavía, así que me toca hacer parte de su trabajo al igual que el mío. Esto me ha afectado la salud. Estoy subiendo de peso y completamente fuera de forma. Mi esposa está casi tan ocupada con su trabajo como yo con el mío; no hemos estado juntos en meses. Sólo veo a mis hijos los fines de semana, cuando juegan fútbol. Pero aun allí ando con mi teléfono celular.

Saqué una hoja de papel y dibujé la caricatura de un hombre, una línea horizontal y un rectángulo debajo de ella.

—Este eres tú —le dije a Ricardo, señalando hacia la caricatura—. Este [señalando al rectángulo] es tu destino final, una caja, dos metros bajo tierra. Allí quedó tu padre a los cincuenta años de edad y tú ahora tienes cuarenta y ocho. Si supieras que ibas a quedar dos metros bajo tierra en menos de dos años, ¿cómo pasarías tu tiempo?

Ricardo quedó pasmado. Luego me dijo:

—Lo pasaría con mi esposa y mis hijos. Visitaría a mi madre, mis hermanos y mis hermanas. Iría a bucear por la Gran Barrera de Arrecifes, en Australia. Iría a ayudar a otros. Asistiría a la iglesia. Trataría de crear momentos especiales para que mi familia me recordara después de haberme ido —sonrió—. Eso es mucho más importante que un plan financiero —añadió.

## La trampa del trabajo omnipresente

Ricardo es un ejemplo perfecto de la trampa de estar agotado por el trabajo. En Estados Unidos se nos dice que el éxito en el trabajo equivale al de la vida. Si no nos va bien profesionalmente, somos unos fracasados. Y hoy día, con la competencia global y las demandas siempre crecientes de hacer más en menos tiempo y con menos recursos, la mayoría de nosotros teme que perderemos el trabajo si no marchamos al ritmo o si no excedemos las expectativas. Así que llevamos nuestros teléfonos celulares y asistentes digitales con nosotros y revisamos el email a toda hora del día o de la noche. La semana laboral de cuarenta horas es para los perezosos. En promedio, trabajamos de cuarenta y tres a sesenta horas por semana y acumulamos el tiempo de vacaciones porque no podemos abandonar la oficina por mucho tiempo.

En las últimas dos décadas, los trabajadores estadounidenses han estado poniendo más y más horas en el trabajo y ahora trabajan más que sus semejantes en otros países industrializados. Según algunos estudios, un cuarenta por ciento de los empleados trabajan tiempo extra todas las semanas, o llevan trabajo a la casa por lo menos una vez por semana. En el 2001, el Families and Work Institute [Instituto de las Familias y el Trabajo] indicó que un sesenta y tres por ciento de todos los empleados desea trabajar menos, índice que ha aumentado del cuarenta y seis por ciento reportado en 1992. Y en 1998 un estudio desarrollado por la National Partnership for Women & Families [Asociación Nacional a Favor de las Mujeres y las Familias] afirmó que un setenta por ciento de los padres de familia que trabajaban indicaba que no tenían tiempo suficiente para sus hijos.

Se ha demostrado que los efectos de demasiado trabajo sobre la salud y el rendimiento son sumamente perjudiciales. Los empleados agotados indican niveles elevados de estrés y efectos negativos sobre su salud a causa del trabajo. Es más probable que experimenten depresión clínica, que no cuiden de sí mismos, que cometan errores en el trabajo y que sientan enojo contra sus jefes. Una encuesta desarrollada por Integra en el 2000 afirma que un sesenta y dos por ciento de los trabajadores frecuentemente terminan el día con dolor en el cuello, cuarenta y cuatro por ciento con ojos agotados, treinta y ocho por ciento con dolor en las manos y un treinta y cuatro por ciento indica tener dificultades para dormir debido a estrés relacionado con el trabajo. ¿Nos sorprende entonces que para 1999, un cincuenta y siete por ciento de los estudiantes de negocios en once países, indicaran a PricewaterhouseCoopers que lograr un equilibrio entre el trabajo y la vida era la prioridad más alta de su carrera? Tampoco sorprende ver que cada vez menos empleados en Estados Unidos dicen buscar oportunidades para avanzar en el trabajo porque se sienten agobiados por la carga que llevan en sus puestos actuales.

Conozco bien la trampa de estar agotado por el trabajo. Cuando inicié mi negocio de planificación financiera en 1991, trabajaba un horario increíblemente largo. Recuerdo haber llegado a casa tarde una noche y mi propio perro me ladró como si fuera un intruso. Había descuidado a mi familia al punto que mi esposa y yo nos divorciamos. Mi salud se perjudicó; subí unos trece kilos de peso y mi presión arterial aumentó. He visto de cerca los efectos negativos de demasiado trabajo. Suficientemente de cerca para asegurarme de nunca más caer en esa misma trampa.

Las personas agotadas por el trabajo quedan atrapadas por las demandas urgentes de un área de sus vidas y descuidan otros aspectos que son más importantes para el éxito a largo plazo; áreas tales como la salud, la familia, las amistades, los intereses intelectuales y espirituales, el recreo, las contribuciones hacia otros y muchas más. Si la vida pudiera representarse como una rueda, con sus diferentes componentes formando cuñas en la misma, se vería así:

Esta es una gráfica típica que representa a un individuo que se siente agotado por el trabajo. La parte más grande de su rueda está relacionada con su trabajo (setenta por ciento). Después sigue la familia con un veinte por ciento, otras relaciones con un cinco por ciento, la salud ocupa un dos por ciento, las actividades recreativas otro dos por ciento y los intereses espirituales e intelectuales el uno por ciento restante. Observando esta rueda, ¿cómo crees que se sentiría «viajar» sobre una vida como esta? Cuando estamos agotados, se nos olvida que es necesario crear una especie de equilibrio para tener una vida satisfactoria.

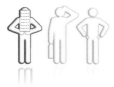

# Rueda del enfoque de vida

¿En dónde te encuentras, en comparación con tu resultado ideal?

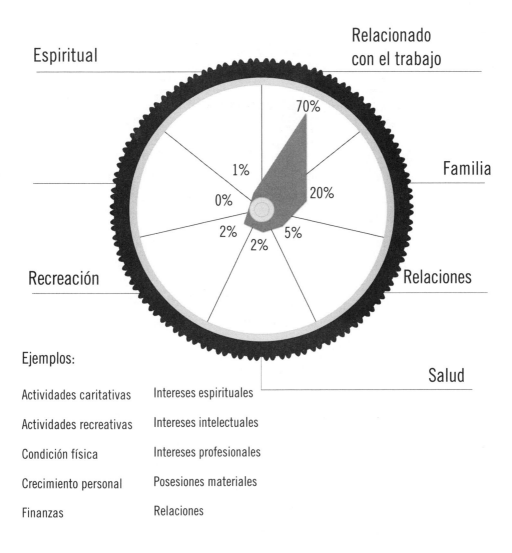

Espiritual

Relacionado
con el trabajo

70%

1%

0%

20%

Familia

2%

5%

2%

Recreación

Relaciones

Salud

**Ejemplos:**

Actividades caritativas    Intereses espirituales

Actividades recreativas    Intereses intelectuales

Condición física    Intereses profesionales

Crecimiento personal    Posesiones materiales

Finanzas    Relaciones

Mi divorcio fue lo que me empujó a examinar mi vida muy de cerca y decidir si quería volver a ser capturado por la trampa de estar agotado por el trabajo. Ordené mis prioridades según lo que realmente era importante. Empecé a trabajar menos pero a disfrutar más de la vida. Las lecciones que aprendí me han permitido diseñar una vida laboral que es exitosa, satisfactoria y equilibrada, la mayor parte del tiempo. Todavía me sucede que trabajo demasiadas horas y acepto demasiados proyectos, pero ahora me evalúo con mayor frecuencia para determinar si estoy viviendo según mi propio plan, en lugar de simplemente reaccionar a las demandas del trabajo.

No tiene nada de malo tratar las cosas que son urgentes. El problema es que la mayoría de nosotros nunca llega a atender las que son mucho más importantes para nuestra calidad de vida. Cosas tales como ahorrar para la jubilación, como pasar tiempo con nuestros hijos cuando se están criando, como mantener nuestras relaciones interpersonales en buen estado. En el mundo de hoy se nos garantiza que tendremos más demandas, no menos; más trabajo, no menos; más competencia, no menos. Sólo cuando tengamos en claro nuestras prioridades y nos comprometamos a vivir según ellas podremos mantener bajo control las fuerzas de estar agotado por el trabajo y continuar viviendo vidas realmente exitosas.

## La perspectiva final

Imagínate que es un hermoso día de primavera y que vas a ir a un lugar especial. Entras a un salón agradablemente decorado, con una alfombra gruesa y cortinas vistosas. Hay música suave de fondo. Todas las personas que te conocen y te aman están ahí. Entonces observas que hay un féretro contra una pared. Caminas hacia él y miras dentro, te ves a ti mismo. ¡Estás en tu propio funeral! Todos se sientan, luego una por una las personas más cercanas a ti se levantan y hablan de ti. Son completamente sinceros; recuerdan tus cosas buenas y malas, cada detalle de tu vida, incluso sus sentimientos hacia ti. Tu cónyuge habla de los años que pasaron juntos y lo mucho que significaron. Tus hijos comparten los momentos mágicos que creaste con ellos y hablan de la sabiduría que les impartiste a través de los años. Algunos de tus colegas se ponen de pie y mencionan cómo convertías el trabajo en algo placentero. Luego un hombre con atuendo religioso habla sobre tus contribuciones a la comunidad y cómo tu fe era una parte clave de tu vida. Finalmente, tu mejor amigo se pone de pie y cuenta varias historias chistosas de las épocas que compartieron a lo largo de los años y de lo mucho que significó ser tu amigo. Te sientes agradecido con todos ellos y satisfecho de que tu vida tuviera significado y propósito.

Ahora, imagina un funeral un tanto diferente. En esta ocasión, sólo hay un puñado de personas vestidas de traje en la primera fila. Tu familia está allí, pero parecieran querer irse tan pronto como sea posible. Un hombre de la funeraria se pone de pie y dice: «Estamos reunidos para honrar la vida de...» y mira hacia la tarjeta para leer tu nombre. «¿Hay alguien entre ustedes que quiera decir algunas palabras?» Después de unos instantes de silencio, uno de tus hijos dice que siempre trabajaste duro para proveer para la familia. Uno de tus compañeros de trabajo dice que siempre sabía dónde hallarte porque nunca parecías dejar la oficina. Tu jefe concuerda: «Era el mejor trabajador que jamás haya tenido», dice. Hay una pausa larga e incómoda, y el director del funeral da la señal para que inicie la música. Tu familia abandona el salón rápidamente, seguidos de los otros dolientes. La honra a tu vida ha tomado menos de quince minutos.

Si mañana se celebrara tu funeral, ¿cómo describirían los asistentes tu existencia? Si murieras veinte años a partir de hoy, ¿cómo desearías que hablaran de tus logros, tus relaciones, de lo que contribuiste? Una vez escuché decir a alguien: «Nunca se ve un camión de carga detrás de una carroza fúnebre». Cuando llegue tu «momento final», ¿realmente te importará cuántas horas trabajaste, cuántos ascensos recibiste, lo bien que le fue a tu negocio o cuánto dinero ganaste? Es sumamente fácil dejarse arrastrar por las ocupaciones de la vida actual y fallar en pasar tiempo enfocados en nuestro destino final. Una vez oí decir: «Si el diablo no te hace una persona mala, te hace estar ocupado». Solamente cuando se nos recuerda esta verdad de manera muy dramática es que dedicamos tiempo a examinar nuestras prioridades y quizás a cambiar el rumbo de nuestras vidas.

Nuestra perspectiva al final de nuestras vidas puede ser muy diferente que cuando estábamos en medio de nuestras carreras. Siempre es buena idea empezar pensando en el final, dar unos pasos atrás y evaluar el rumbo que tienen nuestras vidas hoy, en lugar de esperar hasta años después y lamentar las decisiones que tomamos. ¿Cómo quieres vivir? ¿Cómo quieres que te recuerden? Sólo cuando decidas lo que realmente es importante en tu vida podrás descubrir una carrera que es parte de tu existencia, y no lo contrario. Y antes de que ocupes un lugar en el cementerio, te sentirás agradecido por lo que tu carrera te ha dado, en vez de lamentar lo que pagaste por ella en términos de tiempo, dinero y esfuerzos.

## Las personas «duocéntricas» son más felices

Se pensaría que si uno le da al trabajo la primera prioridad, eso conduciría a un rendimiento más efectivo y reduciría el exceso de trabajo, pero no es cierto. En el 2002, el Families and Work Institute [Instituto de la Familia y el Trabajo, o FWI por sus siglas en inglés] publicó un estudio revolucionario sobre el estrés laboral en Estados Unidos. Como parte de sus encuestas de ejecutivos y ejecutivas de diez empresas transnacionales, el FWI hacía dos preguntas: (1) En el año que acaba de transcurrir, ¿con qué frecuencia ha colocado su trabajo por delante de su vida personal o familiar? (2) En el año que acaba de transcurrir, ¿con qué frecuencia ha colocado su vida personal o familiar por delante de su trabajo? Descubrieron que un sesenta y un por ciento de los que respondieron indicaron que habían puesto el trabajo antes que la familia. Esos ejecutivos fueron clasificados como «trabajocéntricos». Un siete por ciento, los «familiocéntricos», pusieron a la familia antes que el trabajo. El treinta y dos por ciento restante indicó que daban la misma prioridad al trabajo que a la vida personal y familiar. Esos individuos se consideraban como «duocéntricos».

Aunque se pensaría que las personas que se enfocan tanto en el trabajo como en la familia experimentarían más estrés y tendrían menos tiempo, según la encuesta del FWI, *tienen* menos *probabilidades de sentirse agotadas que sus colegas trabajocéntricos*. Esto es cierto, ¡a pesar de que las personas duocéntricas trabajan un promedio de cinco horas menos por semana que las trabajocéntricas!

Otros aspectos interesantes sobre los individuos duocéntricos:

⇒ *Son los que obtienen las calificaciones más altas en cuanto a sentirse exitosos en el trabajo.* Las ejecutivas duocéntricas en realidad logran niveles más altos de éxito (según indicadores tales como niveles de autoridad, compensación financiera y número de personas a las cuales supervisan) que sus hermanas trabajocéntricas o familiocéntricas.

⇒ *Experimentan menos estrés.* Sólo un veintiséis por ciento de los individuos duocéntricos indican experimentar niveles moderados o elevados de estrés, en contraste con los que no lo son, los cuales reportan un cuarenta y dos por ciento.

⇒ Aunque tienen mayores posibilidades de tener aún hijos menores de dieciocho años en el hogar (sesenta y dos por ciento), *les resulta más fácil manejar sus prioridades.* Aunque un cincuenta y seis por ciento de los individuos trabajocéntricos o familiocéntricos expresaron que resultaba «difícil» o «muy difícil» manejar sus prioridades, tan sólo un treinta y un por ciento de los duocéntricos afirmaron lo mismo.

## Cuatro estrategias clave para crear una vida más duocéntrica

Los autores del estudio mencionan cuatro estrategias que ayudan a los individuos duocéntricos a enfrentar sus responsabilidades. Tú también puedes adoptar estas estrategias para crear un mayor equilibrio.

**Estrategia #1:** *Fija límites estrictos entre el trabajo y el resto de tu vida.* Cuando los individuos duocéntricos están trabajando, se enfocan en el trabajo; sin embargo, cuando salen del trabajo, lo dejan completamente atrás. Pocas veces se llevan trabajo a casa para la noche y no están disponibles para atender asuntos del trabajo ni recibir comunicaciones fuera de las horas laborales. ¿Qué tipo de límites necesitas fijar para ayudarte a separar el trabajo del resto de tu vida? ¿Puedes dejar de llevarte trabajo a la casa? Si tal paso resulta demasiado grande para darlo ahora, ¿podrías llevar trabajo a casa sólo una noche por semana? ¿Puedes apagar el teléfono celular durante los fines de semana, o revisar tu buzón de voz y tu email sólo una vez al día los sábados y los domingos? Podrías necesitar algo de tiempo y esfuerzo para que tus compañeros de trabajo se acostumbren al hecho de que no siempre estás disponible, pero si fijas límites claros, eso te ayudará a ser más productivo durante las horas que sí estás trabajando.

**Estrategia #2:** *Enfócate en lo que estás haciendo en el momento.* ¿Alguna vez has estado en el trabajo, pero preocupado por algún asunto de la casa? O tal vez estabas cenando con tu familia, pero esperando una llamada del jefe, y tu hija te dice: «Te acabo de preguntar lo mismo tres veces. ¿Me estás escuchando?» Estar físicamente presente hace muy poco bien si no estás presente mental y emocionalmente también. Cuando estés trabajando, trabaja; cuando estés con tu familia, está con tu familia; cuando estés descansando, ¡descansa! Cuando pongas toda tu atención en lo que haces y estés física, mental y emocionalmente presente, descubrirás que puedes dar más y sacarle el máximo provecho a la tarea en cuestión, o a la relación que estás desarrollando.

**Estrategia #3:** *Dedica tiempo para reposar y recuperarte.* Los individuos duocéntricos comprenden que necesitan cuidar de sí mismos. Concédete permiso de pasar tiempo haciendo cualquier cosa que ayude a renovar tus fuerzas, aunque eso signifique no hacer nada por un rato. Cuando prestes atención a tu necesidad de reposar y recuperarte, tendrás un nivel mayor de energía y una mejor actitud en el hogar y en el trabajo.

**Estrategia #4** *(la más importante de todas): Ten tus prioridades bien en claro.* Cuando te sientes agotado por el trabajo, la realidad es que has perdido de vista tus prioridades. Estás tan ocupado trabajando *durante* tu vida que probablemente no te queda tiempo para trabajar *en* tu vida. Como resultado, te has olvidado del verdadero propósito de la vida. Tienes que definir con claridad lo que es importante para ti. Una de las mejores maneras de hacerlo es crear un «plano de vida» que indique tus metas, funciones, valores y relaciones clave. Cuando diseñes un plano y hagas tu mejor esfuerzo por vivirlo, sentirás menos estrés y mayor satisfacción, no sólo en el trabajo, sino en la vida en general.

## Tu plan para una vida equilibrada

Todos nos dejamos llevar por el tren de la vida cotidiana. Seguimos el rumbo de la vía que tenemos por delante, viajando de una estación a la siguiente, y nunca se nos ocurre que podemos detenernos, bajarnos del tren y examinar la ruta para ver si nos gusta la vía en la que estamos viajando. En lugar de ello, permanecemos en el tren mientras pasa a toda velocidad por los eventos de nuestras vidas. Antes de que nos percatemos de ello, nuestros hijos pequeños están en la escuela secundaria y la universidad, hemos pasado diez, quince o veinte años en el trabajo, celebramos nuestro aniversario de bodas pero no hay pasión en la relación, hemos perdido el cabello o ganado unos kilos de más, nuestras vidas casi se nos han ido y no hemos sacado el tiempo para crear un plan para ellas y vivirlo para asegurar que terminemos felices, con éxito y satisfechos. Cuando llegues al final de tu vida, ¿estarás orgulloso de las horas que invertiste en el trabajo, o de la diferencia que hiciste en las vidas de las personas que conociste y amaste? ¿Estás dispuesto a dedicar un poco de tiempo a planificar ahora para que puedas crear la vida y el futuro que realmente deseas?

Es hora de poner tus prioridades en el orden correcto. Para hacerlo, es necesario que te enfoques en las áreas que en última instancia tienen el mayor *significado* en tu vida. ¿Es tu trabajo una de esas áreas? Quizás sí. Pero si dedicas unos minutos a examinar tu vida, creo que descubrirás que el trabajo apenas es una de tus prioridades, y probablemente no sea la más alta de tu lista. Tu meta final es diseñar una vida que incluya sentimientos de felicidad, éxito y satisfacción, no «algún día», ni «cuando tenga suficiente dinero» o «cuando me den ese ascenso» o «venda el negocio» o «cuando me jubile rico», sino *ahora, ya*. Y llegar a sentirse feliz, satisfecho y exitoso es mucho más probable cuando uno conscientemente diseña un plan bien completo para la vida, en lugar de asociar esos sentimientos solamente con el trabajo.

La solución para eliminar el sentimiento de agotamiento es *volverte a conectar con lo que realmente es importante para ti*. Nadie nace diciendo: «¡Quiero ser el mejor vendedor o planificador financiero o empresario del mundo!» Cuando éramos niños, a ninguno de nosotros nos interesaba abrazar a una caja registradora, ni llevarnos nuestras alcancías a la cama. Durante la adolescencia, posiblemente trabajamos duro en nuestros estudios, en los deportes o en un trabajo luego de la escuela, pero queríamos otras cosas en nuestras vidas también: amigos, entretenimiento, aventura. Y después de nuestros años de trabajo, lo único que nos quedará serán nuestras vidas; así que más vale que las llenemos con prioridades como relaciones, educación, salud, contribución e intereses fuera del trabajo.

Para volverte a conectar con lo que realmente importa, es necesario que utilices dos estrategias clave. Primero, debes obtener una *perspectiva* para que puedas determinar en qué debes enfocarte para vivir una vida más feliz, satisfactoria y exitosa. En segundo lugar, es necesario crear un *plan* que te permita enfocarte en tus prioridades nuevas e integrar tu trabajo en una vida más equilibrada.

No estoy diciendo que hay que dejar de trabajar para ser feliz. Seamos realistas: el éxito y la satisfacción pocas veces vienen de eliminar el trabajo por completo de nuestras vidas. Para la mayoría de nosotros, un trabajo agradable y estimulante nos hace sentir valiosos. (Hablaremos sobre formas en las cuales podemos hacer que el trabajo sea más agradable y estimulante en el capítulo 4.) Pero el trabajo debe ser *una* de tus prioridades, y no la única de ellas. Tu carrera debe formar parte de tu vida, no lo contrario.

Una vez que activamente hayas creado un plan para el éxito y la satisfacción, podría sorprenderte ver cómo tu trabajo encaja en el diseño de tu vida. El verdadero éxito viene de una carrera que te permite sacarle el máximo provecho a tus habilidades características, a la vez que te proporciona dinero suficiente para cuidar de ti mismo y contribuir al bien de otros, proveerle una vida cómoda a tu familia y permitirte pasar tiempo creando memorias y relaciones que tus familiares y amigos atesorarán por mucho tiempo después de tu partida.

## El plano de vida

El sistema que usamos para crear el plan se llama el *plano de vida*, una herramienta que desarrollé para los clientes de mi negocio de planificación financiera. Cuando un cliente viene a mi oficina, se pensaría que lo primero que hacemos es examinar sus recursos financieros actuales y calcular cómo elevar al máximo sus ingresos. Pero hemos hallado que nuestros clientes sacan mejores resultados cuando empiezan con el plano de vida. Sencillamente es una forma de descubrir lo que es importante para las personas en todas las áreas de la vida, y de fijar metas basadas en sus prioridades.

El plano de vida se compone de cuatro partes: (1) valores, (2) áreas de enfoque de la vida, (3) funciones y (4) relaciones clave. En este capítulo crearás tu propio plano de vida como medio para pasar del agotamiento al equilibrio. Te tomará de quince minutos a una hora completar cada parte. Por favor, date tiempo suficiente para desarrollar cada parte y piensa bien tus respuestas. Además, escribe tus respuestas, ya sea en este libro o en un diario. No pienses las cosas demasiado; usualmente es mejor confiar en tu primera respuesta. (Tal vez te resulte más fácil llevar a cabo este ejercicio si otra persona te hace las preguntas, de modo que puedas responder no sólo con la mente sino también con las emociones.) Si escribes tus respuestas y llenas los cuadros, eso te dará un plan concreto que podrás tomar y utilizar para crear una mejor vida.

## ◇ Paso 1: Tus valores

Todos tenemos sentimientos particulares que nos gusta experimentar regularmente. Amor, logros, éxito, felicidad, seguridad, entusiasmo y diversión son algunos ejemplos de ellos. Los sentimientos que tú anhelas son diferentes de los que yo anhelo, y probablemente diferentes de los de tu cónyuge y los de tus hijos. Sin embargo, hacemos lo que hacemos, tomamos los empleos que tomamos, establecemos las relaciones que establecemos, escogemos las actividades recreativas que escogemos, y así sucesivamente, porque deseamos experimentar esos sentimientos con regularidad. A estos sentimientos los llamamos *valores*. Si le das un valor elevado a la diversión, ¿con qué clase de personas decidirás pasar tiempo? Con personas divertidas y que gustan de hacer cosas entretenidas, por supuesto. Por otro lado, si le das un valor elevado a la responsabilidad y tus amigos te instan a que llames al trabajo diciendo que estás enfermo para irte de parranda con ellos, ¿accederás? Probablemente no. Tus valores determinan tus acciones, tus amigos y, en última instancia, el rumbo de tu vida. La cantidad de satisfacción y plenitud que experimentes está directamente relacionada con la frecuencia con que pongas en práctica tus valores.

Todos tenemos una *jerarquía*, un orden, de valores. Si valoras la seguridad por encima de la familia, y para ti la seguridad significa tener trabajo fijo, harás lo que sea por mantener el trabajo, aunque eso te aparte de tu familia. Si tu familia y tus relaciones interpersonales son lo más importante, en realidad podrías sentirte más feliz si trabajas menos y pasas más tiempo con tu familia. Conocer el orden de tus valores te ayudará a priorizar los resultados de tu vida.

*1. ¿Qué es lo más importante para mí en mi vida?* Piensa en tu vida actual. ¿Qué cosas son importantes para ti? ¿Qué sentimientos quieres experimentar regularmente? La mayoría de las personas menciona de cinco a diez valores. Aquí hay algunos ejemplos (en orden alfabético) para estimular tus pensamientos:

| | | |
|---|---|---|
| Amistades | Confianza | Dios |
| Amor | Creatividad | Disciplina |
| Aprendizaje | Crecimiento | Diversión |
| Aventura | Dinero | Entusiasmo |

| | | |
|---|---|---|
| Éxito | Honestidad | Respeto |
| Familia | Humildad | Sabiduría |
| Fe | Humor | Salud |
| Felicidad | Integridad | Seguridad |
| Fortaleza | Libertad | Ser el mejor |
| Hacer cosas por otros | Logro | Trabajo en equipo |
| Hacer una diferencia | Matrimonio | Tranquilidad de espíritu |
| Hijos | Propósito | Valor |

Si tienes dudas sobre alguno de los aspectos, piensa en las diferentes áreas de tu vida y plantéate la pregunta: «¿Por qué hago esto? ¿Por qué es importante para mí (trabajar, ir de surfing, la costura acolchada, la contabilidad, saltar en paracaídas, lo que sea?» Escribe el sentimiento o emoción que te despierta cada área o actividad. Por ejemplo, Ricardo, mi cliente, escribió entre sus valores el logro, la fe, la familia, la seguridad, bucear, hacer una diferencia y la confianza. Cuando le pregunté qué sentimiento le producía bucear, me dijo: «Me da la sensación de que disfruto una aventura». De modo que añadimos la aventura a su lista.

2. *¿En qué orden deben aparecer estos valores? ¿Cuál es el valor más importante en esta lista?* Ordénalos según su prioridad. El primero es tu valor más importante, el segundo es el que le sigue en importancia y así sucesivamente. La mayoría de las personas pueden decir cuál es su valor más importante con cierta facilidad, pero podría resultarles más difícil determinar cuál de los valores secundarios es más importante que los demás. Trata de comparar uno con el otro. El valor más importante de Ricardo era la seguridad, seguido de la familia y luego del logro. Después de eso, titubeó en decir.

# Brújula de valores

| Escribe los 7 valores más importantes de tu vida | Prioriza tus 7 valores más importantes<br>(Colabora con un amigo - no juzgues) |
|---|---|
| 1 | 1 |
| 2 | 2 |
| 3 | 3 |
| 4 | 4 |
| 5 | 5 |
| 6 | 6 |
| 7 | 7 |

«Compara tus valores entre sí y hazte la pregunta: ¿Cuál es más importante?», le dije. Cuando comparó sus valores restantes, determinó que la fe era más importante que la confianza, que el hacer una diferencia o la aventura, de modo que la fe ocupó el cuarto lugar. La confianza era más importante para él que la aventura, y la aventura más que hacer una diferencia. De modo que la lista de Ricardo se vio así:

1. Seguridad

2. Familia

3. Logros

4. Fe

5. Confianza

6. Aventura

7. Hacer una diferencia

Examina tu propia lista y compara tus valores para determinar cuál es más importante que los demás. Vuelve a escribir tu lista en su orden nuevo.

Con sólo dar este paso deberás tener más claridad en cuanto a tu vida y a lo que es importante para ti. La mayoría de nosotros descubrimos que aunque el trabajo nos ayuda a experimentar algunos de nuestros valores, puede resultar ser un obstáculo para aplicarlos todos. Por otro lado, si pones en práctica todos tus valores al trabajar probablemente no te sientas agotado por el trabajo. Cuando logramos experimentar la mayoría de nuestros valores en un contexto particular, usualmente deseamos dedicar una gran cantidad de nuestro tiempo y energías allí. No obstante, eso crea otro problema. Si tu vida es así de desequilibrada, estás preparando el terreno para tener problemas. ¿Qué pasa si pierdes tu trabajo o sufres un accidente grave? ¿Qué sucederá el día que al fin te jubiles del trabajo? Si el único lugar en donde experimentas tus valores es el trabajo, ¿qué tan feliz te sentirás cuando ya no lo tengas?

Eso nos lleva al siguiente paso para la creación de tu plano de vida. Deberás identificar las áreas principales de tu vida que requieren de tu atención para que te sientas exitoso, feliz y satisfecho.

### ◇ Paso 2: Las áreas de enfoque de tu vida

Imagínate que estás en la cima de tu profesión o tu industria. Te sientes plenamente satisfecho con tu trabajo. Cada momento que pasas en la oficina es motivo de gozo, en lugar de ser sólo tu empleo. Tus colegas te reconocen como un ejemplo sobresaliente del éxito profesional. Y entonces despiertas una noche y hallas una nota de tu cónyuge, que te ha abandonado y se ha llevado a tus hijos. «Dejaste de ser miembro de esta familia hace años ya», dice la nota. «Espero que disfrutes acurrucarte con tu teléfono celular esta noche, en lugar de conmigo, como sueles hacerlo». ¿Cómo te sentirías?

O... despiertas una mañana y descubres que estás completamente paralizado. Un médico entra a la habitación y te informa que has sufrido una embolia. Los años que pasaste comiendo en exceso, sin hacer ejercicio y sin hacerte exámenes médicos te han alcanzado. Oyes a la enfermera hablar de un lugar que ofrece atención a largo plazo. Te das cuenta de que el hecho de que no volverás a trabajar es la menor de tus preocupaciones. ¿Qué piensas del trabajo ahora?

Una vida satisfactoria no puede estar basada en rendir bien en una sola área. Por definición, la satisfacción significa prestarle atención y experimentar tus valores en varias áreas diferentes de tu vida. Puedes descubrir las áreas de enfoque de tu vida haciéndote algunas preguntas sencillas.

*1. ¿En cuáles áreas de mi vida me he enfocado?* Aquí hay algunos ejemplos:

Actividades caritativas u orientadas a la contribución

Actividades recreativas

Condición física o salud

Crecimiento personal

Finanzas

Intereses espirituales

Intereses intelectuales

Intereses profesionales, trabajo o carrera

Posesiones materiales (bienes o adquisiciones)

Relaciones interpersonales

Escribe las áreas que han sido prioritarias para ti y unas cuantas palabras que describan lo que cada una de ellas significa. ¿Tu interés en la salud significa ejercicio diario? ¿Comer bien? ¿Sentirte de una manera particular? ¿Incluyen tus relaciones interpersonales a un cónyuge o compañero, hijos, padres, hermanos, amigos? Si uno de tus enfoques es el crecimiento personal, ¿incluye eso seminarios, libros, experiencias?

*2. ¿Cuánta energía estoy dedicando a cada área?* En una escala de 1 a 10, en la que 1 es el nivel más bajo y 10 el más alto, ¿cuánto tiempo, enfoque y energía estás dedicando a cada área? Por ejemplo, podrás pensar que la cantidad de energía que dedicas a tu carrera está en 9, mientras que tu familia o tus relaciones interpersonales reciben un 2. (Un consejo: Si clasificas tus relaciones interpersonales con un 2, eres buen candidato para terminar solo y sintiéndote miserable.) Una vez que has clasificado cada área,

Agotado, agobiado y mal pagado

utiliza la rueda de «Áreas de enfoque de la vida» que aparece a continuación para escribir cada una de las áreas y llena el enfoque correspondiente que le estás dedicando.

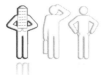

# Rueda del enfoque de vida

Circulo interior:

¿En dónde te encuentras, en comparación con tu resultado ideal?

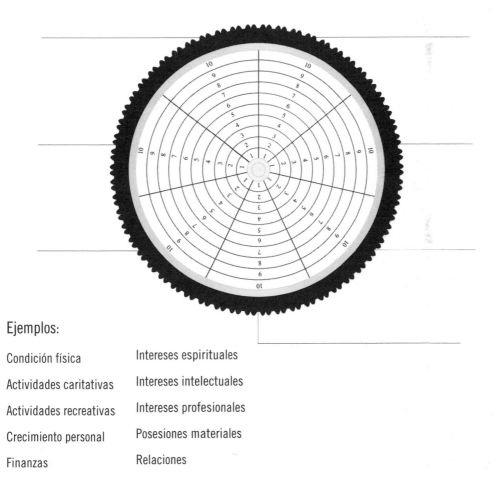

Ejemplos:

| | |
|---|---|
| Condición física | Intereses espirituales |
| Actividades caritativas | Intereses intelectuales |
| Actividades recreativas | Intereses profesionales |
| Crecimiento personal | Posesiones materiales |
| Finanzas | Relaciones |

Ahora, mira la rueda de enfoque de tu vida. ¿Representa una existencia satisfactoria y equilibrada? ¿Rodaría con suavidad sobre una carretera, o causaría muchos golpes y saltos porque está muy desequilibrada? Por supuesto que habrá épocas en las cuales es correcto poner más enfoque en un área que en otra, debido a ciertas circunstancias. Por ejemplo, los padres de un recién nacido podrían enfocarse en el área de familia/hijos. Un estudiante podría poner un mayor enfoque en el crecimiento intelectual. Cuando uno inicia un negocio o trabajo nuevo, el área profesional podría requerir una mayor cantidad de tiempo y energías. Sin embargo, la verdadera satisfacción proviene cuando aprendemos a desarrollar un equilibrio del tiempo, energía y enfoque que dedicamos a las áreas principales de nuestras vidas. Cuando diseñamos un plan de vida que nos permite cuidar de nuestra salud, desarrollar nuestras relaciones más importantes, tener un trabajo con trascendencia, pero que no nos consuma, incluir tiempo para actividades recreativas, para contribuir con los demás y para el crecimiento personal y espiritual, entonces nos sentiremos exitosos *y* satisfechos.

*3. ¿Existen áreas que están ausentes ahora y que pudieran ser causa de problemas en el futuro?* Muchas personas enfocan toda su atención en áreas tales como la carrera o la familia y olvidan por completo que hay otros aspectos de la vida que también deben ser prioridad. Algunas áreas, como la salud, las relaciones y las finanzas, siempre requieren aunque sea una parte de nuestro enfoque. Otras áreas como las actividades recreativas, el crecimiento espiritual o intelectual y contribuir al bien de los demás pueden ser importantes para un individuo, pero no tanto para otro. Revisa tu propia lista y mira si hay áreas que debieras agregar para poder diseñar un plan de vida satisfactorio, y evalúa tu enfoque actual en esa área que has añadido.

## ◇ Paso 3: Tus funciones

Cada uno de nosotros desempeña diferentes funciones en la vida. Tal vez seas un cónyuge, padre de familia o hijo; obrero, supervisor, empresario o jefe; atleta, artista, estudiante o maestro; colega, vecino, amigo, líder, compañero de equipo y así sucesivamente. La cantidad de satisfacción que experimentamos está directamente relacionada con las funciones que desempeñamos en nuestras vidas y lo bien que sentimos que los estamos desempeñando. Hazte las siguientes preguntas:

*1. ¿Cuáles funciones desempeño en la vida?* Algunos de estos podrían ser evidentes: hijo, padre o cónyuge, por ejemplo. Otros podrían ser un tanto más difíciles de descubrir. Piensa en las actividades que realizas en una semana típica y hazte la pregunta: «¿Qué funciones desempeño durante ese momento?» Puede que seas un padre de familia cuando te levantas en la mañana, un atleta cuando sales a correr, un jefe cuando llegas al trabajo, un compañero de equipo cuando trabajas en un proyecto, un líder comunitario en tu iglesia, un cónyuge al llegar a casa, un fanático cuando ves jugar a tu equipo y más. Otra forma de descubrir tus funciones es fijarte en cada una de las áreas de enfoque de vida mencionadas en la sección anterior y preguntar: «¿Cuáles funciones juego en esta área?» Escribe una lista de todos las funciones que desempeñas en tu vida.

*2. ¿Cuánta energía dedico a cada uno de las funciones de mi vida?* Así como clasificaste la importancia de cada una de las áreas de enfoque de tu vida, asígnale a cada uno de tus funciones una clasificación de 1 a 10, en donde 1 corresponde al menor nivel de energía y 10 al mayor. Escribe el número junto a cada función. ¿Te sientes satisfecho con tu evaluación?

*3. ¿Hay funciones a los cuales desearía yo dedicarles más ener-*
*gía? ¿Hay funciones ausentes que, de incluirlos, pudieran darme*
*una vida más satisfactoria y equilibrada? ¿Cuáles otros desearía*
*desempeñar?* Una amiga mía nunca logró enfocarse en su salud física de modo adecuado. Hizo uno y otro intento por entusiasmarse con
el ejercicio, pero sencillamente no lograba hacerlo. Cuando llevó a
cabo esta tarea, sin embargo, decidió añadir la función de atleta a su
lista. Poco tiempo después, observó que le resultaba mucho más fácil
ir al gimnasio cada semana. Llegó a disfrutar de la rutina de ejercicios.
Se sentía más atlética. Al fin empezó a correr y recientemente corrió su
primera carrera de diez kilómetros. Identificar las funciones que necesitas añadir puede contribuir de modo significativo a tu satisfacción.
Por ejemplo, muchas de las personas que experimentan problemas en
sus relaciones interpersonales después de tener hijos se han enfocado
tanto en su función de padres que han olvidado la importancia del de
amantes. Una persona que recibe un ascenso en el trabajo puede tener
dificultades para cambiar la función de compañero de equipo o colega
por el de jefe o supervisor. Identificar las funciones que necesitas desempeñar para poder experimentar éxito y satisfacción es un paso sencillo pero poderoso de tu plan de vida.

William Shakespeare escribió: «El mundo es un escenario, y todos
los hombres y mujeres son simplemente actores. Cada uno con sus
entradas y salidas. Y el hombre, a su debido tiempo, desempeña
muchos papeles». O funciones, como los llamo yo. Pero a diferencia
de los personajes de Shakespeare, nosotros somos los escritores, directores *y* los actores del libreto de nuestras vidas. De nosotros depende
quiénes deseamos ser, las funciones que deseamos desempeñar, cuánto tiempo dedicamos a cada función, y lo bien o mal que lo desempeñamos. De nosotros depende si desempeñamos las funciones de
nuestras vidas de modo que merezcamos un aplauso por cortesía o
una ovación de pie.

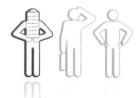

# Revelador
# de funciones

| Escribe las siete funciones que desempeñas en el teatro de la vida |
|---|
| 1 |
| 2 |
| 3 |
| 4 |
| 5 |
| 6 |
| 7 |

### ◇ Paso 4: Tus relaciones clave

Nadie en este mundo está solo. Todos tenemos lo que llamo *relaciones clave*: personas que son vitales para nuestro éxito y felicidad. Sin esas personas, la vida tendría muy poco sentido, o sería tan difícil que carecería de mucho valor. Para completar tu plano de vida, es necesario que identifiques tus relaciones clave y cómo esas personas encajan en tu vida. Hazte las siguientes preguntas:

*1. ¿Quiénes son las personas más importantes para mi vida personal? ¿Qué función desempeño con cada una de esas personas?* Tus relaciones personales clave pueden incluir a tu cónyuge o compañero(a), hijos, padres, hermanos, mejor amigo, pastor o guía espiritual, entrenador deportivo, estudiantes y otros. Asegúrate de identificar a cada una de esas personas por su nombre, no por el papel que juegan. Por ejemplo, escribe «María», y no «cónyuge». Cuando tengas una lista de no menos de siete personas, escribe junto al nombre de cada una la función que desempeñas con esa persona. Junto al nombre de María, escribirías «cónyuge» o «esposo», por ejemplo. En el caso de tus hijos escribirías padre, madre, padrastro o madrastra.

*2. ¿Quiénes son las personas más importantes en mi vida profesional? ¿Qué función desempeño con cada una de esas personas?* Haz la misma evaluación que con tus relaciones personales. Las relaciones clave de tu vida forman la base de lo que llamaremos tu «equipo de estrellas», el cual describiremos en el capítulo siguiente. Tu equipo de estrellas puede ayudarte a crear más éxito y satisfacción en tu vida a la vez que tú les ayudas a hacer lo mismo en las de ellos.

*3. En una escala del 1 al 10, en la que 1 corresponde al nivel más bajo y 10 al nivel más alto de satisfacción y felicidad, ¿cómo me siento con cada una de estas relaciones? ¿Cómo creo*

# Reconocedor de relaciones

| Menciona siete personas en tu vida *personal* | ¿Qué función desempeñas con esta persona? | Menciona siete personas en tu vida *profesional* | ¿Qué función desempeñas con esta persona? |
|---|---|---|---|
| 1 | | 1 | |
| 2 | | 2 | |
| 3 | | 3 | |
| 4 | | 4 | |
| 5 | | 5 | |
| 6 | | 6 | |
| 7 | | 7 | |

*que la otra persona calificaría nuestra relación?* Este es el momento de ser sumamente sincero. Si calificas la relación con tus hijos con un 10, pero ellos la calificarían con un 5, ¿cuál de los dos está en lo cierto? Evalúa tu propio nivel de felicidad en tu relación y, si eres lo suficientemente valiente, pregúntale a la otra persona su opinión al respecto. Después de todo, ambas partes deben sentirse satisfechas con la relación para que las cosas realmente vayan bien.

Este es tu plano tu vida en la actualidad. Este proceso ya debe haberte ayudado a identificar partes de tu vida que requieren más atención y partes en las que tal vez debas reducir tu enfoque. Aquí hay algunas sugerencias que te ayudarán a actualizar y modificar tu plano de vida para que puedas experimentar mayor satisfacción.

*1. Valores:* ¿Cuáles son los valores que desearías experimentar más? ¿Qué cambios necesitas hacer para experimentar más de esos valores? Si un valor aparece en tu lista, es un sentimiento importante; pero cuando decides que deseas experimentar más uno en particular y tomas medidas para que así sea, eso puede transformar tu vida. Al examinar la lista de Ricardo, le pregunté cuáles de sus valores le gustaría experimentar con más frecuencia. Él examinó su lista y dijo:

—Hace diez años perdí mi empleo y estuve desempleado por unos cinco meses. Mi esposa tuvo que volver a trabajar, a pesar de que nuestros hijos estaban pequeños. Al fin conseguí otro empleo, pero que me pagaba mucho menos. Nos tomó dos años salir del atolladero financiero en el que habíamos caído, y cinco años para que yo regresara al nivel de salario que tenía antes. Ahora gano muy buen dinero y mi esposa también. Pero siempre me preocupa que pueda perder mi empleo. Por eso me he enfocado mucho en la seguridad y me he dejado sobrecargar.

¡Felicitaciones! Has terminado tu plano de vida. Te recomiendo que escribas cada una de las cuatro áreas en una hoja de papel nueva para que puedas ver tus valores, áreas de enfoque de vida, funciones y relaciones en una sola hoja. Deberá verse más o menos así:

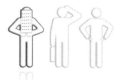

# Los 7 componentes más importantes de cada área del plano de vida

| Valores | Áreas de enfoque de la vida |
|---------|----------------------------|
| 1 | 1 |
| 2 | 2 |
| 3 | 3 |
| 4 | 4 |
| 5 | 5 |
| 6 | 6 |
| 7 | 7 |

| Funciones | Relaciones |
|-----------|-----------|
| 1 | 1 |
| 2 | 2 |
| 3 | 3 |
| 4 | 4 |
| 5 | 5 |
| 6 | 6 |
| 7 | 7 |

—Entonces, ¿cuáles valores te gustaría experimentar con más frecuencia? —repetí.

No titubeó.

—Familia y confianza. Mi familia es sumamente importante para mí y los he estado haciendo a un lado porque me he preocupado mucho por la seguridad. Pienso que si tuviera más confianza en mí mismo, no me preocuparía tanto el dinero y el futuro.

—¿Y qué decisiones nuevas necesitarías tomar para disfrutar más con tu familia y tener más confianza?

Ricardo pensó por un momento.

—Tendría que empezar por tomar un día cada fin de semana para enfocarme en estar con mi familia y pedirles a ellos que hagan lo mismo. Si tuviéramos al menos un día que fuera sólo nuestro, les daría a todos en la familia la sensación de la importancia de que estemos juntos. Y tal vez debiéramos proponernos cenar juntos una noche por semana, pase lo que pase. Apostaría a que mi esposa y mis hijos disfrutarían eso tanto como yo.

—¿Y qué de la confianza? —pregunté—. ¿Qué podrías hacer para sentirte más confiado en ti mismo?

Él se sonrió.

—He querido tomar un curso por la Internet que describe algunas de las nuevas tecnologías que hay en mi negocio. Eso me daría la sensación de que puedo mantenerme al paso con los jóvenes que desarrollan proyectos conmigo. Y me gustaría tener reuniones semanales con mi jefa para mantenerla al día. A veces sentimos que estamos corriendo para apenas mantenernos al paso de lo que nos pide el grupo de ejecutivos. Si me reúno con mi jefa semanalmente para ponerla al tanto de lo que hemos hecho y obtener la información más reciente del grupo de ejecutivos, eso me ayudaría a fortalecer mi confianza. También me facilitaría la planificación de mi carga de trabajo y hasta delegar algunas responsabilidades a otros miembros de mi departamento.

—Si experimentaras más de esos valores, ¿te ayudaría a reducir tu exceso de trabajo? —pregunté.

—Tan sólo enfocarme menos en la seguridad me alivia una gran carga —replicó—. Si logro tener más tiempo con la familia y más confianza, pienso que podré ser más productivo en el trabajo, aunque pase menos tiempo allí.

Con sólo cambiar la prioridad de tus valores, también puedes experimentar más éxito, felicidad y satisfacción. Te sugiero que escojas por lo menos un valor que te gustaría experimentar con mayor frecuencia y luego piensa en tres maneras en las cuales podrías añadir más de ese valor a tu vida. Escribe esas maneras y comprométete a cumplir por lo menos una de ellas la próxima semana.

*2. Áreas de enfoque de la vida.* ¿Qué ajustes debes hacer para crear más equilibrio en tu vida? ¿Cuáles áreas necesitan más enfoque y en cuáles debes enfocarte menos? Afortunadamente, podría necesitarse apenas muy poco enfoque y tiempo en un área particular para llevar tu vida a un punto de equilibrio. Con hacer ejercicio treinta minutos al día, tres veces por semana, puedes mejorar tu salud. Al salir de la oficina una hora antes de lo usual para llevar a tu cónyuge a cenar, puedes mejorar la calidad de esa relación. Al pasar los sábados por la tarde con tus hijos, te asombrarás de ver la cercanía que desarrollarás con ellos. (¿Cómo deletrean los niños la palabra amor? Así: T-I-E-M-P-O.) Decide en cuáles áreas deseas enfocarte y luego aparta el tiempo necesario para que lleguen al nivel que deben estar. La idea es trabajar *en* tu vida, no tan sólo *durante* tu vida. Decide las áreas en las que deseas enfocarte, sabiendo que al fin tendrás que dedicárselo a todas para lograr el éxito.

Ricardo ya se había comprometido a enfocarse en el área de sus relaciones interpersonales, así que discutimos cómo darle una mayor prioridad a su salud también. Él decidió empezar por acudir a su médico para someterse a un examen físico completo y luego iniciar un programa supervisado de ejercicios para mejorar su condición física. También se comprometió a llevar a su familia de vacaciones a un lugar en donde pudieran bucear.

—Esto es más enfoque dedicado a lo recreativo que lo que le he dedicado en los últimos diez años —observó.

*3. Funciones:* ¿En cuáles funciones es necesario que te enfoques más para percibir una mayor satisfacción? ¿Cuáles funciones necesitas enfatizar menos? ¿Y qué se necesita para que alcances el nivel de satisfacción que deseas en una función particular? Como parte de este paso, tal vez quieras redactar una descripción de cómo desempeñarías esta función si estuvieras en tu mejor momento. ¿Cómo podrías ser el mejor padre? ¿El mejor empleado? ¿El mejor partidario de una causa? ¿El mejor esposo, esposa o hijo? ¿Cómo eres cuando disfrutas de tu nivel óptimo de salud? Si no estás seguro de cómo responderías a esto, escoge a un individuo como ejemplo a seguir y hazte la pregunta: «¿Qué es lo que le ha convertido en un [padre, cónyuge, jefe, atleta, etc.] excepcional?» Si deseas mejorar en una función que afecte a otros (por ejemplo, el de padre o cónyuge), pregúntales a los que se verían directamente afectados por ello cómo les gustaría verte desempeñarlo.

Una vez que has descrito la función, podría resultar más fácil idear algunas maneras en las que sientas más satisfacción con el mismo. Por ejemplo, supongamos que te calificas con un 3 como cónyuge porque has estado pasando demasiado tiempo en el trabajo. Quieres llegar por lo menos al nivel 8. Para ti el éxito significaría pasar aunque sea una noche por semana haciendo algo con tu cónyuge: salir a caminar, cenar juntos después de que los niños han cenado, ver una película, conversar u otra actividad. Esto también incluiría un evento especial con tu cónyuge una vez al mes, para los dos solos. Si hicieras esas cosas, te sentirías como un cónyuge mucho más exitoso y satisfecho.

Si te sientes agotado en la función de empleado o persona de negocios, y ya le estás dedicando un nivel 10 de tiempo, energía y enfoque, ¿cómo podrías reducirlo a un nivel 7, por ejemplo? Tal vez podrías dejar tu asistente digital en la oficina dos noches por semana y no revisar tus mensajes ni tu email hasta la mañana siguiente. Tal vez podrías pedirles a otros que te ayuden a priorizar la cantidad de trabajo que tienes y delegar parte de ella. (Hablaremos más de esto en el siguiente capítulo.) O tal vez sencillamente podrías salir a almorzar o tomar una clase de ejercicios durante la hora del almuerzo para aprovechar un descanso a mitad de la jornada de trabajo. Para cada función, piensa en maneras en las cuales puedas aumentar o reducir el enfoque que le has dedicado, y maneras que te permitan sentirte más satisfecho y exitoso en esa función.

Añadir a una función no tiene que ser una tarea grande ni complicada. De hecho, algunos cambios pequeños pueden tener un impacto grande, tanto en la forma de sentirte en tus funciones como en la manera en la que los demás te ven desempeñándolos. Los cambios pequeños pueden hacer la diferencia entre una función que es una obligación y otra que es un gozo.

*4. Relaciones:* ¿Cuáles de tus relaciones clave necesitas fortalecer y cómo puedes lograrlo? ¿Tienes relaciones interpersonales que necesiten cambios en alguna manera? Si has sido aprisionado por la trampa de estar agotado por el trabajo y has descuidado tus relaciones, parte de crear una vida equilibrada podría ser acercarte más a tus hijos, por ejemplo. O si has estado presionando fuertemente a tus empleados en el trabajo para cumplir una fecha de entrega, tal vez quieras dedicar tiempo y energías a *limar las asperezas* que eso haya causado. Escoge por lo menos dos relaciones personales y profesionales que necesiten que las fortalezcas y piensa en por lo menos tres acciones específicas que puedas llevar a cabo para mejorar dichas relaciones.

Una de las mejores maneras de asegurar que cumplirás con tu plan es compartirlo con los individuos que afecte. Pídeles su evaluación del estado de la relación con ellos y sus recomendaciones sobre qué hacer para fortalecerla. Comparte tus planes con ellos y mira si puedes reclutarlos para que te ayuden.

También podrías descubrir que necesitas un cambio en una relación particular porque no te resulta provechosa en su forma actual. ¿Alguna vez has tenido un amigo o colega en el trabajo a quien hayas dejado atrás por cuestiones de madurez, o que sientes que ya no te hace bien? Tal vez sea aquel compañero de universidad que te persuade a beber demasiado cuando asistes a un juego de fútbol, o la mujer con la que antes trabajabas, que siempre está furiosa con su marido y te llama por teléfono para quejarse. Quizás sea un ex cónyuge y tienes resentimientos por la forma en la que actuó durante el divorcio. A lo mejor necesitas cambiar tu forma de relacionarte con estas personas, o darle fin a la relación de una vez por todas. Empieza por preguntarte: «¿Cómo quiero que sea esta relación?» Luego acude a la otra persona y pregúntale si estaría dispuesta a cambiar la relación. Dile a tu compañero de universidad si está bien parar después de haber bebido una cerveza. Pídele a esa antigua compañera de trabajo que hable sobre otro tema que no sea su matrimonio. Con tu ex, expresa con claridad tus sentimientos y pregunta si es posible empezar a comunicarse de modo más respetuoso. Si bien ninguna de estas acciones podría ser fácil, descubrirás que pueden ayudarte a crear relaciones más placenteras con los demás y a reducir tu nivel de estrés. En el capítulo 3 hablaremos de manera más profunda sobre cómo determinar cuáles relaciones te fortalecen, cuáles son tu «eslabón débil» y qué hacer para crear relaciones más poderosas, positivas y de apoyo en tu vida.

### ¿Vida en los negocios o negocios en la vida?

La perspectiva de la vida y de los negocios de un individuo agotado se ve así:

Para los individuos trabajocéntricos, las necesidades del trabajo, sean estas dinero en efectivo, tiempo, energía y esfuerzo, van primero, y el resto de la vida recibe lo que sobre. Pero esa no es una buena fórmula para el éxito a largo plazo. El éxito y la satisfacción tienen mayores probabilidades de alcanzarlas las personas que comprenden que los negocios son parte de la vida y no lo contrario.

Este diagrama representa el modelo duocéntrico de la vida:

El propósito de tu carrera es no sólo darte más dinero, sino más vida, y la definición que cada uno da a «más vida» es única según las circunstancias y el trasfondo de cada individuo. Pero hay que saber lo que realmente es importante para ti y lo que te dará la mejor calidad de vida para que puedas decidir por qué cosas estás dispuesto a dar tu tiempo, tu dinero y tus energías. En mi experiencia, los individuos que preparan un plano de vida para sí mismos descubren que sus carreras son mucho más satisfactorias porque comprenden en qué manera encaja el trabajo en sus vidas. Sienten una mayor pasión por lo que hacen, pueden dar más de sí mismos durante las horas que pasan en el trabajo, y a la vez dedican tiempo a sus relaciones interpersonales, ejercicios, vida espiritual, actividades comunitarias y hasta a descansar. Un plano de vida es el secreto para lograr un mejor equilibrio y más éxito.

Hay una historia que les cuento a mis clientes acerca de volar de California a Nueva York. Todos los que viajan en el avión llegarán al mismo destino y al mismo tiempo, pero algunos viajan en primera clase, otros en clase preferencial, otros en clase económica y otros están en la última hilera, junto a los baños, con un asiento cuyo respaldar no se reclina. Tal vez no puedas cambiar el destino al cual te diriges, pero sí puedes cambiar la forma en la que viajas para llegar allí. Creo que mereces viajar en primera clase y vivir una vida de éxito sobresaliente. Dedica el tiempo ahora a crear un plano de vida que te dé esa experiencia de viajar en primera clase. No esperes a que las circunstancias, el universo o Dios te recuerden que la vida es pasajera. Conviértete en un individuo más duocéntrico empleando las cuatro estrategias que se mencionan en este capítulo, y llena tu plano de vida hoy mismo. El tiempo que dediques a planificar tu vida en este momento te ayudará a experimentar más satisfacción de ahora en adelante.

*agobiado*

# CAPÍTULO TRES

# De agobiado a relajado y bajo control

En este capítulo aprenderás...

⇒ los tres factores que crean el agobio y cómo mitigar o eliminar sus efectos en tu vida;

⇒ cómo identificar el veinte por ciento del trabajo que te da los resultados mejores y eliminar el ochenta por ciento restante que te causa estrés;

⇒ maneras para fijar límites y decir que no con eficacia;

⇒ el poder tras la creación de un círculo de apoyo, un «equipo de estrellas» que te ayude a simplificar la vida;

⇒ cómo crear sistemas poderosos pero sencillos para agilizar tu vida y obtener resultados mayores de modo más eficiente; y

⇒ cómo anticipar los desafíos de manera que puedas responder a ellos, en lugar de sólo reaccionar.

Los avisos comerciales de Staples, una de las grandes cadenas de almacenes de artículos de escritorio y afines, muestran a varias personas en oficinas en las que todo se está despedazando: las fotocopiadoras se descomponen, los archivos están apilados, las personas corren de aquí para allá o le gritan a un teléfono. Entonces entra una mujer y dice: «¡Un momento! ¡Tengo la solución!» Saca un botón grande y rojo que tiene impresa la palabra «FÁCIL». Lo oprime y en un abrir y cerrar de ojos la oficina queda totalmente transformada: la fotocopiadora funciona, los archivos están en orden, los escritorios están organizados y las personas trabajando de modo eficiente. El jefe la mira y dice: «¡Qué fácil!»

¿No sería magnífico si tuviéramos un botón «FÁCIL» en la vida que resolviera inmediatamente la sensación de agotamiento y de tener demasiado que hacer? Desgraciadamente, aunque Staples en realidad venda esos botones rojos, no es posible resolver la sensación de agobio con ellos. Así como tuvimos que dar una mirada profunda para resolver nuestro exceso de trabajo, tenemos que dar una más amplia para eliminar las causas del agobio.

> Así como tuvimos que dar una mirada profunda para resolver nuestro exceso de trabajo, tenemos que dar una más amplia para eliminar las causas del agobio.

Parece que un número cada vez mayor de nosotros está siendo atrapado por la trampa del agobio. Una encuesta de 1003 trabajadores realizada en el 2001 descubrió que más de una cuarta parte de ellos (veintisiete por ciento) se sentían agobiados frecuente o muy frecuentemente debido a la cantidad de trabajo que tenían que cumplir en un determinado mes, y un veintinueve por ciento sentía que rara vez tenían tiempo para dar un paso atrás y reflexionar sobre el trabajo que estaban realizando. Cada vez más son los trabajadores que hallan que ocuparse en tareas múltiples al mismo tiempo y las interrupciones constantes crean una falta de enfoque que puede causarles sentimientos de agobio, incertidumbre e infelicidad.

La sensación de agobio puede conducir a impotencia al encarar las circunstancias actuales y la impotencia produce pasividad. Vemos todo lo que nos toca hacer y levantamos los brazos con desesperación. Atendemos lo más urgente, ponerle gasolina al carro, por ejemplo, y pasamos por alto las cosas que tienen mayor impacto a largo plazo, como ese cambio de aceite que hemos estado posponiendo por unos miles de kilómetros. Cuando nos sentimos agobiados, no llegamos a las cosas que realmente son importantes para la calidad de nuestra vida. Cosas como ahorrar para la jubilación, pasar tiempo con nuestros hijos cuando están creciendo, mantener fuerte la relación con nuestro cónyuge. Nos es necesario reducir o eliminar el agobio para que podamos enfocarnos en nuestro éxito y satisfacción a largo plazo. Cuando lo hacemos, nos sentimos más en control de lo que hacemos y de quiénes somos. Reducir o eliminar el agobio es el verdadero botón «FÁCIL» para nuestras vidas.

## Los tres factores del agobio

Sentirse agobiado es indicativo de una vida desequilibrada. Cuando te sientes agobiado, usualmente es resultado de una combinación de tres factores: *tiempo, recursos* y *complejidad*. En primer lugar, tienes demasiadas cosas que hacer para el *tiempo* que crees tener. Por ejemplo, una madre que tiene noventa minutos por las mañanas para (1) preparar a sus hijos para la escuela, (2) vestirse para el trabajo, (3) preparar el desayuno para todos, (4) llevar los niños a la escuela y luego (5) batallar con el tránsito de hora pico para llegar a su trabajo a tiempo, puede verse fácilmente llevada al agobio si tan sólo una de esas cosas sale mal.

Una de las quejas que escucho con mayor frecuencia de las personas que se sienten agobiadas es: «¡Sencillamente no tengo *tiempo* suficiente!» De hecho, según un estudio realizado en el 2002 por el Families and Work Institute, más del cincuenta y dos por ciento de los trabajadores afirman que nunca tienen tiempo suficiente para cumplir con sus obligaciones laborales. Peor aun, un veintinueve por ciento de los empleados sienten que ponen mucho esfuerzo en llevar a cabo tareas de poco valor que catalogan como «pérdidas del tiempo».

Para la mayoría de nosotros, no tener tiempo suficiente no es sólo una sensación; es un hecho. Como aprendimos en el capítulo 1, el setenta y ocho por ciento de los trabajadores que forman parte de una pareja en la cual los dos laboran pasa un promedio de noventa y una horas por semana en el trabajo: once más que la semana laboral estándar de cuarenta horas. Pero también dedican 6.2 horas diarias a cuidar y hacer cosas con sus niños. Eso significa que hay más de doce horas diarias dedicadas al trabajo o a los niños. En las pocas horas sobrantes, las parejas en las que ambos trabajan, cocinan, asean, pagan cuentas, calculan sus impuestos, tratan de organizarse y pasan un poco de tiempo juntos. Los padres en promedio sacan poco más de una hora al día para «sí mismos» y las madres *menos* de una hora. ¿Nos sorprende entonces que constantemente sintamos que el tiempo no alcanza?

Se nos dijo que los asistentes digitales y los teléfonos celulares nos salvarían de tener que estar tanto tiempo en la oficina, pero esos aparatos ahorradores de tiempo y de trabajo simplemente nos han mantenido atados al trabajo, aun cuando estemos en casa. Y la globalización tampoco ha facilitado las cosas. Hoy día las empresas

Agotado, agobiado y mal pagado

probablemente tengan clientes, plantas y hasta ejecutivos que trabajen del otro lado del mundo. Puedes salir de tu oficina por la noche y tener cincuenta e-mails de las sucursales de China o Europa que requieren respuesta inmediata esperándote por la mañana. Puedes estar colaborando con un colega que almuerza en la India a la misma hora que estás acostándote. Vivimos en un mundo «FedEx/Overnight Express». ¿Nos sorprende que la mayoría de nosotros se sienta agobiada cuando de tiempo se trata?

El segundo factor que puede causar una sensación de agobio es la falta de *recursos*, o de acceso a los mismos. El fregadero de la cocina se obstruye en el fin de semana del Día de Acción de Gracias y no logras conseguir a un plomero. Tu hijo pierde un diente jugando béisbol y no tienes dinero suficiente para pagar la cuenta del dentista. Estás trabajando duro en un proyecto de la oficina, pero una miembro clave de tu equipo se enferma y no vas a poder cumplir con la fecha de entrega sin ella. Tu jefe te pide que prepares un informe, pero se rehúsa a darte más gente para que te ayude a cumplir con esa tarea. En el trabajo hoy se nos pide que hagamos más con menos, más trabajo con menos empleados, menos tiempo y menos recursos, y como resultado de ello nos sentimos agobiados.

Algunos tenemos acceso a los recursos, pero utilizarlos nos causa sentimientos de culpa. Sentimos que debiéramos estar haciendo las cosas nosotros mismos, o creemos que no tenemos dinero para pagarle a alguien que lo haga en nuestro lugar. A esto denomino la actitud del «individualista fuerte», y frecuentemente la observo en los propietarios de negocios pequeños. Dicen cosas como: «¿Por qué habría de pagarle a alguien cuando puedo hacerlo yo mismo?», o «La única manera de que quede bien es si lo hago yo mismo». Se niegan a delegar o encargar tareas importantes a otros. Estas personas usualmente desean tener el control de todo, pero debido a que intentan hacer demasiadas cosas con muy poco apoyo, rápidamente llegan a sentirse sin control y agobiados. El individualismo fuerte es una fórmula para el agotamiento y para reducir el provecho sacado.

El último factor que contribuye a la sensación de agobio es la *complejidad*. En mi profesión, cada año hay más herramientas, estadísticas y oportunidades para invertir que me son necesarias comprender para poder ayudar a mis clientes a tomar las mejores decisiones posibles. En nuestras vidas particulares, con unos cuantos *clicks* podemos acceder a una gama casi infinita de recursos en la Internet: desde un electricista para la casa, a un tutor para nuestros hijos, hasta los titulares más recientes y consejos financieros. Fabuloso. Pero, ¿acaso no es más difícil navegar por todos estos recursos para poder seleccionar lo que realmente necesita?

La mayoría de nosotros ha llegado a lo que Dan Sullivan denomina el «límite de complejidad». Cada uno tiene unas cosas que hacemos bien y otras que no. Si eres bueno para algunas cosas, los números, por ejemplo, entonces balancear tu cuenta corriente no te hará sentirte agobiado (a menos que no tengas dinero suficiente en tu cuenta). Pero las personas que no manejan bien los números pueden hallar que balancear su cuenta corriente va más allá de su límite de complejidad. También es posible alcanzar ese límite en áreas en las cuales carecemos de experiencia. Tal vez te sientas perfectamente capaz de balancear tu cuenta corriente pero te agobia cuando se trata de tomar decisiones sobre tus fondos para la jubilación. Tal vez sepas cómo crear hojas de cálculo y fórmulas especializadas usando Excel, pero crear el software personalizado para generar informes que tu empresa necesita va más allá de tus capacidades.

Agotado, agobiado y mal pagado

A veces podemos llegar a nuestro límite de complejidad sencillamente porque estamos tratando de hacer demasiadas cosas al mismo tiempo. En un informe del 2004 denominado: «Exceso de trabajo en Estados Unidos: Cuando trabajamos demasiado», se daban los resultados de una encuesta de más de mil obreros por jornal y asalariados en Estados Unidos. Sus resultados revelan las dificultades que estamos experimentando con nuestros trabajos de tareas múltiples:

⇛ Cincuenta y seis por ciento de los empleados dicen que frecuente o muy frecuentemente (1) tienen que llevar a cabo demasiadas tareas al mismo tiempo, o (2) tienen interrupciones durante su jornada de trabajo.

⇛ Sesenta y seis por ciento de los que tienen que realizar demasiadas tareas al mismo tiempo se sienten sumamente agotados, en contraste con un veintidós por ciento de los que sólo a veces tienen que realizar tareas múltiples.

⇛ Sesenta y cuatro por ciento de los que experimentan interrupciones se sienten sumamente agotados por el trabajo, en contraste con un veintiséis por ciento de los que sólo a veces tienen interrupciones.

Te cuento uno de mis ejemplos favoritos que muestra los efectos de realizar tareas múltiples. En el 2005 un siquiatra en Londres sometió a pruebas de inteligencia a tres grupos de adultos. El primero sencillamente tomó la prueba. El segundo fue sometido a distracciones con mensajes de email y llamadas telefónicas. El tercer grupo había fumado marihuana. Para sorpresa de nadie, la puntuación promedio del primer grupo fue diez puntos mayor que el grupo que obtuvo el segundo lugar. Sin embargo, el segundo lugar no lo ocupó el grupo sometido a distracciones por email y llamadas telefónicas, puesto que su puntuación promedio resultó *inferior* por seis puntos a la de los que estaban *drogados*. (Y les garantizo que los que realizaron tareas múltiples no disfrutaron el proceso de la prueba tanto como los drogadictos.)

Para eliminar la sensación de agobio se necesita lo opuesto a las tareas múltiples. En vez de hacer más, hay que hacer menos. En lugar de hacer las cosas por ti mismo, necesitas crear un equipo de trabajo. Y en vez de enfocarte en ampliar las demandas a tu tiempo y tus energías, necesitas esforzarte en una cantidad menor de áreas en las cuales tienes la oportunidad de sobresalir.

## La cura del agobio es simplificar

Cuando te sientas agobiado, necesitas enfocarte en *simplificar* tu situación. La realidad es que todos tenemos una cantidad finita de tiempo, energía y recursos, y todos tenemos límites de complejidad. Te toca decidir cómo y cuándo utilizarás tus recursos, qué cosas puedes eliminar y cómo puedes aprovechar, delegar o reclutar a otros que te ayuden a lograr tus metas. La simplificación consiste en reducir el número de tareas en tu vida y eliminar las cosas que son menos importantes para que puedas enfocarte en lo que realmente importa.

La mayoría de las personas que se sienten agobiadas desean poder relajarse, pero seguir sintiendo que tienen control de sus vidas. Es posible pasar del agobio a la sensación de estar relajado y al control, pero será necesario dedicar esfuerzo, energía y enfoque al desarrollo de estrategias que involucren a *personas* y *prioridades*. Necesitas enfocarte en aquel veinte por ciento de las tareas que te rindan el ochenta por ciento de los resultados que deseas. Necesitas fijarte límites y decir que no. Necesitas formar un equipo de estrellas que te apoye y al que puedas apoyar. Y debes agilizar tu vida automatizando la mayor cantidad de tareas repetitivas que puedas.

Hay cinco sistemas clave que te ayudarán en este proceso. Son la lista 80/20, el refijador de límites, el formador del equipo de estrellas, el selector de soluciones de sistemas y la fórmula de la respuesta futura.

## Sistema #1: La lista 80/20

Para salir del agobio es necesario que *te enfoques en las tareas y áreas más importantes de tu vida*. La regla 80/20 es un principio de administración del tiempo y de negocios. Postula que un ochenta por ciento de los resultados que obtenemos provienen del esfuerzo que ponemos en el veinte por ciento de las cosas que realmente importan. En mi experiencia, la razón por la cual tantos de nosotros son agobios es que nos enfocamos en el ochenta por ciento de las tareas que producen muy pocos resultados. En lugar de ello, debemos dirigir la mayor parte de nuestros esfuerzos al veinte por ciento de las tareas que harán la diferencia más grande. En lugar de «trabajar inteligentemente», estarás trabajando en lo inteligente.

¿Cómo saber si estás ocupado con el ochenta por ciento? Mira si alguno de estos puntos ocurre en tu vida:

⇒ Te enfocas en lo «urgente», más que en lo que es importante.

⇒ Terminas tratando de realizar tareas o trabajos a pesar de que no tienes habilidad para desempeñarlos, sencillamente porque hay que hacerlos.

⇒ Te toma mucho más tiempo lograr las cosas.

⇒ Frecuentemente afirmas sentirte agobiado.

⇒ Terminas haciendo cosas porque otros quieren que las hagas, no porque deseas hacerlas.

Por otro lado, cuando te ocupas en tu veinte por ciento de cosas de alto impacto. . .

⇒ Tus actividades contribuyen a cumplir tu plano de vida.

⇒ Estás haciendo lo que siempre has querido.

⇒ Lo que haces te hace sentir bien contigo mismo.

⇒ Aunque no te guste lo que estás haciendo en este momento, tu actividad te ayuda a lograr tus metas.

⇒ Puedes delegar las tareas que no te gustan o que no desempeñas bien.

⇒ En general, te sientes satisfecho con tu vida y tu trabajo.

Tu meta con la lista 80/20 es identificar lo que debe formar parte de tu veinte por ciento y lo que puede clasificarse en el ochenta por ciento porque produce menores resultados. Entonces crearás un plan que te permitirá enfocar la mayor parte de tus esfuerzos en ese veinte por ciento. Para crear tu lista 80/20, primero haces un inventario escrito de todo lo que llevas a cabo durante una semana típica, y luego te haces preguntas sobre cada una de esas tareas para determinar si pertenece al veinte o al ochenta por ciento. Utilizarás estas listas para decidir qué cosas eliminar, qué cosas delegar y qué mantener como parte de tu vida diaria. Este ejercicio te tomará aproximadamente una hora y tal vez sea uno de los mejores usos que pudieras darle a una hora de tu vida.

Agotado, agobiado y mal pagado

# Enfoque 80/20

| Escribe todas las actividades que realizas | I/N |
|---|---|
| 1 | |
| 2 | |
| 3 | |
| 4 | |
| 5 | |
| 6 | |
| 7 | |
| 8 | |
| 9 | |
| 10 | |

1. Haz una lista de todo lo que llevas a cabo en una semana típica, y realmente me refiero a todo. Empieza con levantarte de la cama para prepararte para el día y termina con acostarte nuevamente por la noche. (Incluye «dormir» en tu lista también.)

2. Hazte la pregunta: «¿Qué es importante para mí al final de todo? ¿Qué es lo que *realmente* quiero hacer con mi vida y mi tiempo?» (Quizás querrás referirte al plano de vida que creaste en el capítulo 2.) Escribe una o dos oraciones respecto a este tema en otra hoja de papel.

3. Pensando en esta meta examina tu lista y pregúntate: «¿En cuál veinte por ciento de mis acciones debo enfocarme para lograr esa meta? ¿Cuál veinte por ciento de mis actividades me dará el ochenta por ciento de mis recompensas?» Escribe una «I» junto al veinte por ciento de las cosas que consideras que son las más importantes a lograr para poder sentirte feliz, satisfecho y exitoso. Por ejemplo, reunirte con clientes nuevos podría ser algo sumamente importante para tu negocio, mientras que llevar cuenta de tus gastos podría no serlo. Recoger la ropa de la lavandería no es importante, pero cenar con tu familia sí lo es. Recuerda, ¡sólo se permite que coloques una «I» junto a un veinte por ciento de las cosas que tienes en tu lista!

4. Vuelve a escribir tus asuntos «Importantes» en la hoja de papel donde escribiste lo que más quieres de la vida. Esta es tu lista del veinte por ciento, en la que enfocarás la mayor parte de tus esfuerzos.

5. Observa tu lista del veinte por ciento y hazte la pregunta: «¿Hay alguna cosa que debiera añadir a esta lista para obtener más resultados?» Hasta este punto, probablemente hayas enfocado una gran parte de tu energía y atención en el ochenta por ciento

de las cosas que eran urgentes, en lugar de importantes. Si no tuvieras que lidiar con aquel ochenta por ciento (y después hablaremos acerca de cómo se hace eso), ¿qué más podrías hacer para aumentar tu éxito y satisfacción? ¿Podrías tomar una clase para mejorar tus capacidades laborales? ¿Tomarías un proyecto nuevo para exhibir tus habilidades? ¿Empezarías un programa de ejercicios para estar más saludable y tener más energía? ¿Sacarías a tus hijos a una caminata por las tardes? ¿Te ofrecerías de voluntario en tu iglesia? ¿Pasarías un tiempo de calidad con tu cónyuge? Elige una o dos cosas que producirían la expansión de resultados más grande en tu vida, y añádelas a tu lista del veinte por ciento.

6. Observa los elementos que permanecen en tu lista original, aquellas cosas que ocupan el ochenta por ciento de tu tiempo pero que te dan poca o ninguna satisfacción. De estos elementos, ¿cuál es el veinte por ciento que más detestas? Si pudieras eliminar un veinte por ciento de las cosas que llenan esta lista con un gesto, ¿cuáles se esfumarían? Escribe una «N» junto a esos elementos.

7. Escribe los elementos que marcaste con la «N» en otra hoja de papel. Esta es tu lista de «Cosas que no hago». Tu meta es idear estrategias que permitan que nunca tengas que hacer esas cosas de nuevo. Regresaremos a esta lista cuando hablemos de los sistemas 3 y 4, el formador del equipo de estrellas y el selector de soluciones de sistemas.

8. Todo lo que dejaste sin marcar en tu lista original forma parte de aquel ochenta por ciento de cosas que consumen tu energía y recursos pero que te proporcionan resultados muy limitados. Escribe estos elementos en una hoja de papel aparte y ponle el título «Lista del ochenta por ciento». ¡Imagina lo magnífico que sería no tener que lidiar más con esas cosas!

Tu primera meta es emplear tu lista del veinte por ciento como la pauta para tener días productivos. Te sugiero que coloques varias copias de ella en la casa y en la oficina. Cuando sientas estrés y pierdas el enfoque, observa tu lista y hazte la pregunta: «¿Estoy trabajando en el veinte por ciento de las cosas que me dan lo que quiero, o estoy atascado con el otro ochenta por ciento?» Haz lo que puedas para llevar tu enfoque, energía y esfuerzos a ese veinte por ciento. Si algo queda sin hacerse, asegúrate que no sea parte de este porcentaje. Cuando tengas demasiadas tareas de ese veinte por ciento que cumplir, examina cada una de ellas y hazte la pregunta: «¿Me sentiría satisfecho si esto fuera lo único que logro hoy?» Esa es una manera excelente de forjar un día que se sienta menos agobiador y más exitoso.

En su libro *The 4-Hour Workweek* [La semana laboral de 4 horas], Timothy Ferriss escribe: «Sentirse agobiado frecuentemente es algo tan improductivo como hacer nada, y es mucho más desagradable. Ser selectivo, hacer menos, es el camino a la producción. Enfóquese en las pocas cosas que son importantes e ignore el resto». La lista 80/20 te ayudará a enfocar tus esfuerzos en las tareas y áreas que son tus prioridades verdaderas. Pero el paso siguiente debe ser eliminar tantos de los elementos de la lista del ochenta por ciento como sea posible. Para lograr eso se necesitan tres sistemas adicionales: fijar límites, crear un equipo de estrellas y agilizar tus esfuerzos.

## Sistema #2: Fija tus límites y aprende a decir no

La única manera de fijar tu enfoque en aquel veinte por ciento y eliminar el ochenta por ciento consiste en aprender a decir sí a lo que es importante y no a todo lo demás. Es necesario que fijes límites. Esto frecuentemente resulta más difícil que establecer tus prioridades por dos razones. En primer lugar, la mayoría de nosotros somos terribles cuando se trata de decir no a las demandas de otros. Es necesario que atendamos a los hijos, el o la cónyuge, los padres de familia, los amigos, las personas de la iglesia o el grupo de voluntarios. Nuestros jefes, clientes, compañeros de trabajo, empleados, proveedores o accionistas imponen demandas sobre nuestro tiempo, energía y recursos. ¿Cómo podemos decir no a sus necesidades sin parecer egoístas? ¿Cómo podemos mantener una relación vital con los demás si decimos no a lo que nos piden?

En segundo lugar, la mayoría de nosotros padece de lo que llamo «extensión de límites». Un amigo te pide que le lleves su ropa a la lavandería cuando llevas la tuya, y eso se torna en un hecho semanal. Tu hijo te pide que ayudes a su equipo de béisbol juvenil, y de alguna manera quedas como asistente al entrenador. Ofreces preparar unos pastelitos para los compañeros del primer grado de tu hija, y antes de que te des cuenta, estás preparando meriendas cada dos semanas. Te ofreces de voluntario para ayudar en un proyecto urgente de trabajo «sólo por esta vez», y luego parece que todos han deducido que pueden dejar sus emergencias en tu escritorio. Con demasiada frecuencia somos los responsables de la primera violación de nuestros límites porque queremos ser personas agradables, o porque vemos la necesidad, o porque se trata de algo importante para la otra persona. Pero una vez que un límite se desplaza, usualmente se queda en su nuevo lugar y esas tareas adicionales pueden conducirnos al agobio.

Es necesario que dejemos de ver los límites como barreras y que empecemos a verlos como guías que nos mantienen en el camino al éxito y la satisfacción. Suponte que yo quiero viajar desde mi casa en Irvine, California, hasta el centro de la ciudad de Los Ángeles (que queda a unos sesenta y cuatro kilómetros). Podría tomar las calles principales, con todos sus semáforos e intersecciones y el tránsito entrante en cada cuadra; o podría tomar la autopista interestatal, que tiene un número limitado de entradas y salidas, carece de intersecciones y semáforos y tiene más carriles que van en un mismo sentido. La mayoría de las veces, la autopista me llevará a Los Ángeles mucho más rápido que las calles principales, sencillamente porque tiene menos alternativas que pudieran distraerme o que me obliguen a reducir la velocidad. Los límites funcionan de una manera muy similar: pueden ayudarte a llegar a donde quieres de modo más rápido y con menos distracciones. También hallarás que si fijas límites, y los respetas, esto reduce la sensación de agobio y te permite sentirte más relajado y con control.

Para fijar límites eficaces hay que desarrollar ciertas habilidades. Primero, debes aprender a decir sí a lo que apoye tus verdaderas prioridades: aquel veinte por ciento de actividades que produce el ochenta por ciento de los resultados. Luego deberás aprender a decir que no en una forma tal que generes cooperación en lugar de conflicto. Una vez que lo aprendas, te será mucho más fácil decir sí a las cosas importantes porque tendrás más tiempo, energía y recursos disponibles.

> **Es necesario que dejemos de ver los límites como barreras y que empecemos a verlos como guías que nos mantienen en el camino al éxito y la satisfacción.**

Empecemos con tu lista de «Cosas que no debo hacer»: esas que causan el ochenta por ciento de tu estrés. Tienes tres alternativas para estas cosas. Primero, puedes no hacer nada excepto quejarte de ellas. (Espero que ya la hayas descartado como una alternativa viable.) Segundo, puede delegarlas. Discutiremos cómo hacer eso con el sistema formador del equipo de estrellas, más adelante en este capítulo. Tercero, sencillamente puedes negarte a hacer esas cosas. Esa podría parecer ser la alternativa más sencilla de las tres, pero la mayoría de nosotros sabe que para decir no se requiere bastante valentía. Sin embargo, si deseas eliminar el agobio de tu vida, es necesario que aprendas a decir que no con eficacia.

William Ury es un experto de renombre internacional en las negociaciones y solución de conflictos. Sus libros *Sí...¡de acuerdo!*, *Supere el no* y *El poder de un no positivo* son obras clásicas. Ury enseña que para poder decir no con eficacia, hay que empezar diciendo sí a lo que realmente es importante para ti: las prioridades que describiste como parte de tu plano de vida.

*De ahora en adelante, cada vez que alguien te pida que des de tu tiempo, energía o atención, debes evaluar esta petición según tu plano de vida.* Resulta mucho más fácil considerar decir que no si el jefe te pide que trabajes un fin de semana más cuando recuerdas que tu relación con tu cónyuge y tus hijos ocupa el primer lugar de tu lista de valores; o negarte a ser el líder del comité para recaudar fondos de tu iglesia si examinas tu lista de funciones y te das cuenta de que te es necesario enfocarte más en ser líder en el trabajo. Es necesario que decidas a qué dirás sí conforme a tus verdaderas prioridades, en lugar de según lo que es urgente en el momento. Si evalúas tus oportunidades de acuerdo a tu plano de vida, eso te ayudará a escoger las que te brindarán más felicidad y satisfacción a la larga. Cada «no» debe obedecer a que tienes bien claros los «sí» de tus prioridades e intereses.

Una vez que tienes claro a qué cosas dirás sí, es necesario que decidas cómo dirás no al ochenta por ciento restante de solicitudes que te llegarán. Algunas veces basta con sólo decir: «No, gracias». Un compañero de trabajo te pide que le acompañes a almorzar pero estás terminando un informe para el jefe. «No, gracias», dices cortésmente. «Pregúntame mañana cuando no tengo que entregar

# El refijador de límites

| Enfoque 80/20: Lista de «cosas que no debo hacer» | |
|---|---|
| **1** | ○ No hagas nada<br>○ Delégalo<br>○ Di que no |
| **2** | ○ No hagas nada<br>○ Delégalo<br>○ Di que no |
| **3** | ○ No hagas nada<br>○ Delégalo<br>○ Di que no |
| **4** | ○ No hagas nada<br>○ Delégalo<br>○ Di que no |
| **5** | ○ No hagas nada<br>○ Delégalo<br>○ Di que no |
| **6** | ○ No hagas nada<br>○ Delégalo<br>○ Di que no |
| **7** | ○ No hagas nada<br>○ Delégalo<br>○ Di que no |

Agotado, agobiado y mal pagado

un informe». Tu mejor amigo te pide que le ayudes con su proyecto de reparación casera. Le dices: «No, disculpa. Les dije a mis hijos que pasaría el sábado con ellos». O sencillamente dices: «No, disculpa» y cambias de tema. Te sorprenderás al ver cuántas de esas solicitudes pueden resolverse sencillamente diciendo que no sin sentimientos de culpa ni explicaciones.

Pero ¿y qué de los «no» más difíciles? Aquellos en que el solicitante podría sentirse herido por la negación, o cuando pueden haber consecuencias. Todos hemos tenido que decirles que no a nuestros hijos, o a nuestro cónyuge, o a nuestros mejores amigos; probablemente hemos tenido que decirle al jefe que no podemos aceptar un proyecto determinado, o informarle a un cliente que no podemos entregar un producto determinado para una fecha dada, o no podemos hacer las modificaciones que habían pedido, o no podemos cumplir con los precios que piden. ¿Cómo se puede decir que no en forma tal que la otra persona acepte esa respuesta? Trata de insertar el «no» en medio de dos «sí»: el primer sí expresa tus intereses y el segundo invita a un acuerdo que toma en cuenta los intereses de ambos. Entre estas dos respuestas afirmativas hay una expresión clara del límite que estás fijando en esta circunstancia particular.

Tomemos el ejemplo de Susan, la mujer dueña de su propia firma de relaciones públicas que conocimos en el capítulo 1. Cuando hablamos de maneras en las cuales podríamos eliminar su agobio, el primer punto en la lista de Susan era eliminar las llamadas de un cliente en particular. Este caballero la llamaba al último minuto para pedirle que programara nuevas entrevistas por los medios de comunicación en las ciudades en las cuales iba a presentar una de sus charlas. Normalmente, a Susan le gustaba programar esas entrevistas con semanas de anticipación, para asegurarse de colocarlas correctamente y de tener un tiempo de preparación adecuado. Pero debido a que este caballero era uno de sus mejores clientes, se sentía reacia a decirle que no. Como resultado, trabajaba tiempo extra y presionaba a su personal para programar las entrevistas. Además, se veía obligada a pedir muchos favores de sus contactos en los medios de comunicación. Cada vez que este caballero llamaba, Susan sentía que su estómago se tensaba y le empezaba una jaqueca. «Si pudiera deshacerme de estos enredos de último minuto, podría hacerle un mejor trabajo a este cliente, con mucho menos estrés para mí y para mis empleados», me dijo.

Susan y yo trabajamos para crear una manera en la cual decirle no a ese cliente con eficacia. Ella lo llamó y empezó la conversación explicando sus prioridades (su «sí» personal). «Joe, tenemos que hablar de un aspecto de nuestra relación de trabajo. Estoy comprometida a hacer el mejor trabajo posible contigo para darte la exposición máxima a los medios de comunicación cuando vas de gira. Para mí es importante que se te vea de lo mejor cuando te entrevisten, y también que mi firma sea vista por los medios de comunicación como una organización profesional de primera categoría. Quiero asegurarme de mantener relaciones con contactos en los medios tanto para ti como para mí».

Al llegar a este punto, Susan expresó su no. «Debido a esto, ya no podemos aceptar tus solicitudes de último minuto para que te consigamos entrevistas adicionales en los medios de comunicación cuando estás de gira. Esto me da bastante estrés a mí, a mi personal y a mis contactos en los medios, y además hace que tú y nosotros nos veamos poco profesionales».

Luego concluyó con un sí que invitaba a un acuerdo de ambas partes. «Me gustaría proponerte que con dos meses de anticipación a cada charla que presentes preparemos un programa ampliado de entrevistas en el mercado en el que te presentes. Sabrás de antemano precisamente cuál será tu calendario de actividades cuando estés de gira. Los entrevistadores y tú tendrán varias semanas para prepararse, lo cual produce mejores entrevistas y mejores relaciones públicas. Creo que este proceso producirá menos estrés y será más productivo para los dos».

Joe convino con los términos que Susan propuso y fijaron una fecha para discutir su próxima gira de charlas. Tomó cierto tiempo entrenarlo para que no hiciera sus solicitudes de último minuto. La primera vez que llamó estando de gira para pedir una entrevista de último minuto, Susan le respondió: «Dijiste que ibas a atenerte al calendario que fijamos y que no tratarías de agregar nada al último minuto». Joe protestó un tanto, pero luego convino. Debido a que Susan se mantuvo dentro de los límites que había establecido, se sintió mejor y pudo hacer un trabajo excelente para Joe.

Piensa en una situación en la que tienes que decirle no a una persona y prepara tu propio plan de acción «sí-no-sí». ¿Cuáles son las prioridades e intereses que deberás comunicar (tu sí personal)? ¿Qué cosas deben cambiar (el no positivo)? ¿Qué acuerdo deseas concertar (el sí que invita a un acuerdo)? Cuando te sea necesario fijar o volver a fijar límites, lo mejor es planificarlo con anticipación. Decir no puede ser un momento lleno de emociones, y lo último que queremos es ser arrastrados por ellas. Decir no requiere calma, compasión y confianza. Planificar lo que dirás de antemano te permitirá pensar en todas tus alternativas y desarrollar una solución que servirá a tus necesidades al igual que a las de la otra persona.

Un consejo breve: Primero, prepárate para una reacción emotiva. A nadie le gusta que le digan que no. Sin embargo, debes mantener tu posición. La persistencia y la paciencia son tus mejores amigas cuando se trata de fijar tus límites y estar firme. Sigue reiterando tu no sin dejarte arrastrar por lo que la otra persona esté sintiendo.

En segundo lugar, si la otra persona no acepta tu invitación a un acuerdo, prepárate a negociar. Ella podría opinar que sus necesidades no han sido tomadas en cuenta. Pregúntale: «¿Qué propones?» No necesariamente deberás convenir con su propuesta, pero es importante escucharla. Disponte a llegar a un acuerdo, pero sólo si satisface tus intereses y los de esa persona. Si su propuesta no te sirve, dilo así y luego propón una alternativa.

Tercero, siempre debes tener una opción que satisfaga tus necesidades aunque no involucre a la otra persona. En el caso de Susan, ella decidió que el estrés y el trabajo adicionales que las solicitudes de último minuto del cliente no ameritaban su esfuerzo y estaba dispuesta a referirlo a otra agencia. Tener una alternativa le permitió ser firme al comunicarle su solicitud a Joe y, en última instancia, produjo los resultados que buscaba.

Decir que no puede no ser fácil, pero decir que sí indiscriminadamente es receta para quedar agobiado. Todos necesitamos aprender a sentirnos cómodos al decir no para establecer límites claros que nos ayuden a lograr las cosas que realmente queremos. Decir que no puede dejar espacio suficiente para que digas que sí a lo que realmente importa.

## Sistema #3: Forma tu propio equipo de estrellas

Cuando fundé mi negocio de planificación financiera en 1991, contaba con recursos muy limitados y, al igual que la mayoría de propietarios de pequeñas empresas, supuse que tenía que hacerlo todo yo mismo. Así que establecí mis contactos, repartí folletos, contestaba el teléfono, llevaba los libros, las cuentas y los archivos y obtuve una ganancia total de doce mil dólares. Trabajaba quince horas al día y me iba a casa exhausto y agobiado.

Sabía que necesitaba ayuda, así que me enfoqué en lo que me estaba volviendo loco: No tenía a nadie que contestara el teléfono. Estaría en una reunión con un cliente y tendría que interrumpirla para atender una llamada telefónica. Necesitaba una recepcionista. Contraté a una joven inteligente que vivía en la comunidad y ofrecí pagarle siete dólares la hora, o catorce mil dólares al año; más de lo que yo mismo había ganado el año anterior. Pero contratarla fue la mejor decisión que pude haber tomado. Ella no sólo atendía el teléfono y programaba las citas, sino que también llevaba a cabo una gran parte del trabajo de oficina. Yo podía enfocarme en las reuniones con los clientes y desarrollar oportunidades nuevas. Me sentí mucho más relajado y en control de mi jornada laboral. Y aun con el aumento de sueldo que le di seis meses después, logré doblar mi ingreso personal ese año sencillamente porque aproveché mejor mi tiempo, energía y recursos.

Fue necesaria una zambullida más en el agobio para que yo realmente aprendiera la lección del «equipo de estrellas». Una vez que la recepcionista se hizo cargo de una gran parte del trabajo de oficina, expandí mi lista de clientes dramáticamente. Antes de que me diera cuenta de lo sucedido, estaba otra vez trabajando horas absurdamente largas porque pensaba que no podía pagar lo que costaría otro profesional de las finanzas. Por dicha, la curva de aprendizaje fue mucho más corta esta vez, y contraté a otro profesional de las finanzas por alrededor de veinticinco mil dólares al año. Eso me liberó para expandir nuestros esfuerzos de mercadeo en la comunidad empresarial. Aquel año conseguimos a nuestro primer cliente comercial grande y aunque ahora estaba pagando a dos empleados, mis ingresos personales volvieron a duplicarse. De igual importancia es que pude sentirme relajado y en control del negocio. Había pasado de ser un individualista fuerte a ser la cabeza de un equipo de estrellas.

Si te sientes agobiado, lo que necesitas es formar un equipo de apoyo fuerte que le dé un cimiento firme a tu carrera y a tu vida. Hay personas que tienen el conocimiento, la experiencia o el tiempo para tomar algo que estimas difícil y manejarlo fácilmente. Recuerda que tu meta es enfocarte en aquel veinte por ciento que te brinda el ochenta por ciento de tus resultados. Para hacerlo, es necesario que formes un equipo de estrellas que te apoyen en el camino. Este equipo de estrellas no tiene que estar compuesto por superastros; sencillamente está formado por personas allegadas a ti que pueden encargarse de las cosas que te vuelven loco. Permíteme darte unos ejemplos. Digamos que estás trabajando en un proyecto grande. Miras el reloj y te das cuenta de que son las 5:55 P.M. Has estado tan ocupado que no has tenido oportunidad de llevar tu ropa a la lavandería, que cierra en cinco minutos. Pero ¿qué tal si uno de los miembros de tu equipo de estrellas es un lavandero que recoge y entrega la ropa en tu oficina?

> Este equipo de estrellas no tiene que estar compuesto por superastros; sencillamente está formado por personas allegadas a ti que pueden encargarse de las cosas que te vuelven loco.

Muchos de mis clientes son mujeres profesionales con hijos. Cuando les pregunto acerca de sus equipos de estrellas, la mayoría incluye a médicos, abogados, jefes, productores de primera y otros. Pero cuando les pregunto: «¿Qué es lo que más te frustra?», frecuentemente me dicen que la guardería de los niños. Así que les digo: «En tu equipo de estrellas debes tener personas de confianza que puedan cuidar a tus niños.

¿Tienes a una niñera a la que puedes llamar a último minuto? ¿Quién es tu contacto de emergencia si uno de tus hijos se enferma y estás fuera de alcance por algún motivo? ¿Qué tal si pasaras todo un día entrevistando personas para conseguir a alguien que se gane tu confianza y que realmente disfrute de cuidar a tus niños? ¿Cuánto menos abrumada te sentirías si hubiera alguien que estuviera pendiente de tus hijos mientras te das un baño de burbujas, o te quedas tarde en la oficina, sabiendo que tus hijos están seguros y contentos?»

Si te preocupa el costo de contratar a otros para que se encarguen de las tareas que normalmente haces tú mismo, o si te sientes culpable por no llevar a cabo ciertas tareas, efectúa un análisis de costo-beneficios. ¿Cuánto vale tu tiempo? ¿No sería mejor que hicieras cosas que te gustan y que haces bien, en lugar de desperdiciar tu tiempo haciendo cosas que otras personas realmente disfrutan o se ganan la vida haciéndolas?

Cuando empecé a estar bastante ocupado como autor y orador, mi esposa Angie se convirtió en mi agente y administradora, al igual que mi coordinadora de viajes y de contacto con los medios de comunicación. Pero cada fin de semana ella pasaría un día entero aseando nuestra casa. Cuando le pregunté por qué no contrataba un servicio de limpieza, me respondió que era su responsabilidad mantener la casa aseada y hermosa. «Pero Angie, haces mucho más por mí al ayudarme con mi carrera», le dije. «Además, la limpieza de la casa está quitándote el tiempo que podrías estar pasando con los niños y conmigo». Angie estuvo de acuerdo y contratamos un servicio de limpieza que viniera cada dos semanas. Hoy, el nivel de estrés de Angie ha disminuido porque puede pasar más tiempo con la familia.

Para formar tu propio equipo de estrellas, es necesario que (1) determines lo que necesitas basándote en las prioridades que te fijaste con tu lista 80/20; (2) determinar quién podría hacer cosas en tu lugar; y (3) elaborar un plan para utilizar a otras personas como recurso. Aquí te presento un ejercicio de quince minutos que te ayudará a empezar:

1. Mira tu lista del ochenta por ciento, aquellas cosas que ocupan tu tiempo sin producir muchos resultados. Ya debes haber eliminado algunos elementos de esta lista con simplemente decir no. Tacha esos elementos de tu lista.

2. Con cada uno de los elementos restantes, hazte la pregunta: «¿Quién podría ayudarme con esto?» Por ejemplo, si dedicas ocho horas a la semana preparando alimentos para la familia, ¿podría alguno de tus hijos ayudarte con tal tarea? Si detestas tener que preparar informes de gastos en la oficina, ¿quién podría encargarse de esa tarea en tu lugar? Junto a cada elemento de tu lista del ochenta por ciento, escribe el nombre de alguien a quien podrías delegarle esa tarea. Aunque pienses: *Ellos nunca lo harían igual que yo* o *Les tomaría demasiado tiempo*, escribe el nombre o empleo de alguien que pudiera quitarte esa tarea de las manos si tú no pudieras realizarla. Incluye personas allegadas a ti (tus hijos, la recepcionista de la oficina, tu cónyuge, un amigo) y a otros que todavía no lo son (un cocinero, un asistente, una niñera, un experto en impuestos y otros).

3. Escoge por lo menos tres tareas de tu lista del ochenta por ciento que puedas delegar de inmediato. Puedes empezar con las que te son más molestas o con las más fáciles de delegar. Si detestas preparar informes de gastos, contrata a una persona a tiempo parcial que los prepare. No es necesario que gastes mucho dinero, tal vez tu hijo adolescente puede organizar tus

recibos y escribir toda la información en orden, de modo que lo único que te falte por hacer sea calcular el total de los gastos y firmar el formulario. Una vez que decidas que es posible que otros se encarguen de las tareas que no quieres hacer, ¡te sorprenderás de lo creativo que puedes llegar a ser!

Algunas veces la mejor solución es hacer algo que disfrutas a cambio de que otra persona se encargue de una tarea que detestas. Si te desagrada tener que cocinar y sabes que a tu vecina le encanta, tal vez puedas cuidarle a sus niños los domingos por la tarde a cambio de que ella prepare dos platos para tu familia (por supuesto, tú pagas por los ingredientes). Si eres bueno con los números y tu esposa lo es con el español, entonces ayuda a los niños con la tarea de matemáticas y balancea la cuenta de cheques, mientras que ella los ayuda con los informes escritos y los ensayos, y escribe la carta navideña familiar. Todos tenemos dones especiales, cosas que nos encanta hacer y que hacemos bien. En el siguiente capítulo hablaremos más acerca de cómo descubrir y realzar tus dones especiales. Una vez que hayas eliminado o delegado una buena parte de tu lista del ochenta por ciento, estarás en libertad de enfocarte en la lista del veinte por ciento y determinar maneras en las cuales podrás reclutar a otros para que te ayuden a pasar más tiempo haciendo lo que te encanta. Hablaremos más de esto en el capítulo 4.

En mi oficina utilizamos lo que llamo el círculo de apoyo para ayudar a las personas a crear una representación visual de cómo su equipo de estrellas puede ayudarles. Puede emplear el formulario que aparece en la página 88 (o descargar el formulario de www. louisbarajas.com) y llevar a cabo el proceso tú mismo. Utilizarás un diagrama para tu vida personal y otro para la profesional.

# Círculo de apoyo del formador del equipo de estrellas

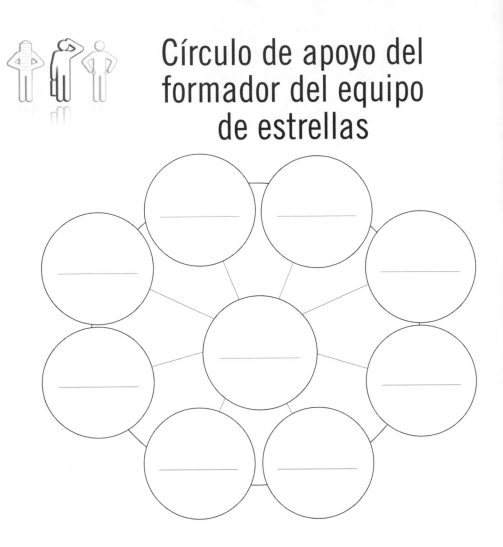

## Tus círculos de apoyo personal y profesional

**1.** Escribe tu nombre en el círculo central del primer diagrama y en los círculos que le rodean escribe los nombres de todas las personas que te apoyan particularmente. Incluye a familiares y amigos, niñeras, médicos, maestros, entrenadores y proveedores de servicios con los cuales tengas relación personal. (La persona que lee tu medidor de electricidad no formaría parte de la lista, pero la que prepara tu informe de impuestos todos los años sí podría aparecer.) Para cada persona, escribe unas palabras que describan cómo esa persona te apoya.

2. En un diagrama aparte, haz lo mismo con los que te apoyan en tu profesión: colegas, jefes, compañeros de equipo, contadores, proveedores, clientes y otros. En cada círculo escribe unas cuantas palabras que describan cómo te apoya cada persona.

3. En la parte inferior de cada página, escribe los nombres de todas las personas que pensaste que pudieran ayudarte a eliminar tareas de tu lista del ochenta por ciento. Por ejemplo, podrías incluir a un lavandero que recoja y entregue pedidos, a una niñera magnífica, a una limpiadora eficaz para el hogar, a un chico hábil con las computadoras que pueda mantener funcionando la tuya pase lo que pase, a un vecino que te ayude con las tareas del hogar; cualquier persona que pueda encargarse de las tareas que no quieres hacer.

4. Finalmente, mira tu lista del veinte por ciento, las cosas que brindan la mayor cantidad de resultados a tu vida. ¿A quién podrías añadir a tu equipo de estrellas para ayudarte a obtener aun más resultados? ¿Hay personas que forman parte de tu equipo de estrellas actual que pudieran apoyarte aun más con estas tareas? Añade los nombres de esas nuevas personas a tus círculos de apoyo y escribe —bajo los nombres de los que crees que pudieran ofrecerte aun más apoyo—, lo que te gustaría que hicieran.

Algunas veces hay personas que forman parte de nuestro equipo de estrellas actual, pero que no nos están apoyando como nos gustaría. Tal vez tengas a un contador público que has estado empleando por años, pero tus finanzas se han tornado más complejas y ese individuo no está a la par de la tarea. O uno de tus parientes cuidaba de tus hijos cuando eran pequeños, pero ahora preferirías llevarlos a una guardería. O tal vez tienes a un amigo que fuma y ya tú no fumas, salvo cuando estás con él. Hay un refrán que dice: «Dime con quién andas y te diré quién eres». Cuando de tu equipo de estrellas se trata, es solamente tan fuerte como lo es su miembro más débil. A pesar de lo difícil que resulta, es necesario que te preguntes: «¿Quién me está apoyando al nivel más elevado? ¿Quién no me está apoyando? ¿Existe algún "miembro débil" que deba reemplazar o limitar el contacto con él o ella, o por lo menos cambiar las reglas de nuestra relación?» En el caso del contador, por ejemplo, tal vez sea necesario que encuentres a una persona que posea los conocimientos financieros que requieres. Si envías a tus hijos a la guardería, tendrás que cambiar la relación con tu pariente para que pase de la niñera a un familiar. Y tal vez tengas que decirle a tu amigo fumador que prefieres no estar con él en lugares que pudieran incitarte a fumar porque estás decidido a dejar de hacerlo. No es un proceso ni cómodo ni sencillo y ciertamente habrá miembros de tu equipo de estrellas que puedan sentirse heridos. Te sugiero que emplees el proceso «sí-no-sí» que describimos en este capítulo para ayudarte a evitar los resentimientos mientras formas un equipo que te apoye al nivel más elevado.

Por otro lado, podría haber relaciones que sería provechoso profundizarlas. Tal vez tienes a un mentor profesional que siempre te ha dado excelentes consejos en tu carrera. ¿Sería provechoso que pasaras más tiempo con esa persona? ¿Te beneficiaría profundizar o realzar tu relación con tu cónyuge o tus hijos? Cuando escribí mi primer libro e inicié una segunda carrera como autor y orador, mi esposa, Angie, y mi hijastro, Eddie, empezaron a trabajar para mí. Angie manejaba el calendario de eventos y Eddie creaba mis presentaciones de PowerPoint. Al incorporar a mi familia a mi negocio, se produjo un acercamiento entre nosotros. ¿Hay algunas relaciones que podrías profundizar al pasar más tiempo con esas personas o quizás al involucrarlas en otras partes de tu vida? Tal vez podrías invitar a tus compañeros de trabajo o a tu jefe a que te ayuden a repartir alimentos a los indigentes, o a que asistan al teatro contigo, o que se matriculen en un curso para mejorar las capacidades comerciales. Tal vez a tus hijos les gustaría ayudarte en tu negocio. Invertir tiempo y energía en profundizar relaciones siempre vale la pena.

Recuerda que así como te gustaría que cada miembro de tu equipo de estrellas te proporcione un apoyo destacado, debes hacer lo mismo por ellos. ¿Qué clase de apoyo estás dándole a tu cónyuge? ¿A tus hijos? ¿A tu jefe? ¿A tus compañeros de equipo o de trabajo? ¿A tus clientes? ¿A tu médico, tu abogado, tu contador? ¿A la persona que asea tu casa y al plomero que te repara el fregadero? «Apoyo destacado» no tiene que ser algo que abulte tu lista de cosas por hacer (la cual estás tratando de recortar de modo dramático). Significa que te hagas la pregunta: «Si espero tal cosa de esta persona, ¿qué le daré a cambio?» Si esperas que tu jefe le asigne aquel proyecto de tiempo extra a otra persona para que puedas pasar el fin de semana con tu cónyuge, ¿qué puedes hacer para ayudarle? ¿Puedes hallar recursos adicionales, formar a un equipo que le ayude, llegar temprano el viernes para poder tener las cosas en orden antes de salir por el fin de semana?

Si quieres obtener el mejor servicio de los profesionales que emplees, hay dos formas importantes de brindarles apoyo. Primero, dales las gracias. El reconocimiento y el agradecimiento sinceros por un trabajo bien hecho son parte del mejor apoyo que puedes brindar. En segundo lugar, un reconocimiento tangible muestra a muchos profesionales que aprecias que hagan un esfuerzo adicional por ti. Esto puede consistir en una bonificación, un obsequio durante las pascuas, una carta de aprecio enviada a su jefe o empresa o a otros de sus clientes y otras cosas. Las referencias también son una magnífica manera de hacerles saber que están desempeñando una labor extraordinaria.

> Cuando aprendas a soltar algunas cosas y permitas que otros te ayuden, descubrirás que el agobio disminuye y podrás enfocarte en las cosas que hacen que tu vida sea satisfactoria y exitosa.

La gente viene a nuestro camino para ayudarnos y viceversa. Si te sientes agobiado, podría deberse a que no estás sacándole el máximo provecho a tu equipo de estrellas. Tu equipo es para ayudarte a lograr el éxito al permitirte que sigas tus pasiones. Cuando aprendas a soltar algunas cosas y permitas que otros te ayuden, descubrirás que el agobio disminuye y podrás enfocarte en las cosas que hacen que tu vida sea satisfactoria y exitosa.

## Sistema #4: El selector de soluciones de sistemas

Cuando empecé a salir de gira como orador y autor, con mucha frecuencia abría mi maletín para descubrir que había olvidado mi loción para después de afeitar, pasta de dientes o algún otro artículo de aseo personal. Me tocaba visitar la tienda del hotel y gastar tiempo y dinero para reemplazar los artículos que había olvidado. Entonces preparé una lista de control para hacer las maletas. Cada vez que me preparo para viajar, saco esa lista, coloco cada artículo en la maleta y ¡ya está! Ya no me falta ninguno de estos artículos cuando llego al hotel.

Mi lista de control es un ejemplo de un *sistema* que me ayuda a escapar del agobio. Los sistemas te permiten automatizar tareas que todavía se encuentran en tu lista del ochenta por ciento, para que no tengas que pensar en ellas más. Los sistemas agrupan las tareas según sus categorías, de modo que puedes verlas como un solo objeto en lugar de un montón de puntos de una larga lista de cosas por hacer. Los sistemas simplifican tu vida y te permiten concentrarte en las cosas que tienen mayor significado y producen los resultados más grandes. Los sistemas son formas prácticas que te sacan del agobio y te conducen al éxito.

En mi función de planificador financiero, lo primero que hago con mis clientes es ayudarles a sistematizar sus finanzas. Preparamos un plan de contribuciones mensuales a su programa de jubilación y cartera de inversiones que se deducen automáticamente de sus salarios o cuentas bancarias. Los motivo a aprovechar herramientas tales como el pago automático de cuentas para sus tarjetas de crédito, servicios públicos, hipotecas y otros más. Programamos llamadas telefónicas regulares para ver cómo van las cosas a través del año, y así ninguno de nosotros tiene que planificarlas individualmente. Todos y cada uno de mis clientes me han agradecido por ayudarles en un área de sus vidas que a veces parece agobiadora y por facilitarles el manejo de esta área.

Utiliza el breve ejercicio generador de ideas que aparece a continuación para crear sistemas que te ayuden a agilizar tu vida y escribe tus ideas en el formulario en la página 96.

1. Identifica un desafío que estés enfrentando o un área en la cual te sientas agobiado. (También puedes escoger una meta que sea

parte de tu lista del veinte por ciento.) Escribe el desafío, área o meta en la parte superior del formulario.

2. Debajo, escribe tres sistemas posibles que podrían ayudarte a enfrentar el desafío, eliminar el agobio o perseguir una meta. Por ejemplo, tienes demasiados proyectos en el trabajo y no logras enfocar tiempo suficiente para ninguno de ellos. La meta es gestionar todos tus proyectos eficazmente. Los sistemas que quizás puedan servirte incluirían (a) «bloqueo de tiempo», en el cual te enfocas en un proyecto por dos horas y no admites interrupciones; (b) software de manejo de proyectos que te ayude a darle seguimiento al avance del mismo; (c) delegar ciertas partes de los proyectos de manera que puedas trabajar en otras mientras que alguien avanza en otra; (d) programar reuniones regulares o actualizaciones por correo electrónico con tus compañeros de trabajo y tu jefe para darle seguimiento al avance e identificar desafíos potenciales antes de que se hagan demasiado grandes y así sucesivamente. Piensa en por lo menos tres sistemas que alivien el desafío o te ayuden a lograr tu meta.

3. Escoge uno de los sistemas y establécelo de inmediato. Si funciona, implementa otro. Si aún quedan desafíos, idea otros sistemas que puedan ayudarte.

A continuación tenemos ejemplos de sistemas sencillos que te facilitan la vida y te ayudan a mantenerte alejado del agobio.

⇒ Designa horas específicas de tu jornada de trabajo para responder emails o llamadas telefónicas. Uno de mis clientes, abogado, detestaba hacer llamadas a sus clientes cuando no se encontraban disponibles o ser interrumpido por una llamada cuando estaba en una reunión. Así que estableció un sistema en el cual devolvía las llamadas telefónicas a la misma hora cada día. A los clientes se les decía que él devolvería la llamada entre la 1 y las 2 P.M. ese mismo día o al siguiente. El abogado quedó contento porque podía hacer su trabajo y sus clientes sentían que sus llamadas eran devueltas de modo oportuno.

⇒ Automatiza las tareas repetitivas. ¿Tienes problemas para recordar dónde dejaste las llaves o algún efecto personal? Ponlos en el mismo lugar cuando llegues. Utiliza el sistema de pagos automáticos para los gastos que se repiten y que no varían, tal como la cuenta de televisión por cable. Un área en la que es *obligatorio* automatizar es la de tus ahorros para la jubilación. La única forma en la cual la mayoría de nosotros guarda dinero para la jubilación o para emergencias es si no tenemos que pensar en ahorrarlo. Utiliza todas las herramientas y sistemas por computadora que haya disponibles para asegurarte de guardar dinero para tu jubilación y en tu cuenta de ahorros.

⇒ Utiliza listas de control. Si tienes problemas para llevar a tus hijos a la escuela a tiempo por las mañanas, coloca una lista de control en la pared y anima a tus hijos a que marquen cada tarea cuando la hayan cumplido. ¿Se han lavado las manos y el rostro? Márquenlo. ¿Arreglaron la cama? Márquenlo. ¿Se han vestido? Márquenlo. ¿Se han lavado los dientes? Márquenlo. ¿No sería mucho más fácil sacar a tus hijos de la casa a tiempo para llevarlos a la escuela si ellos siguieran una rutina básica?

# Selector de soluciones de sistemas

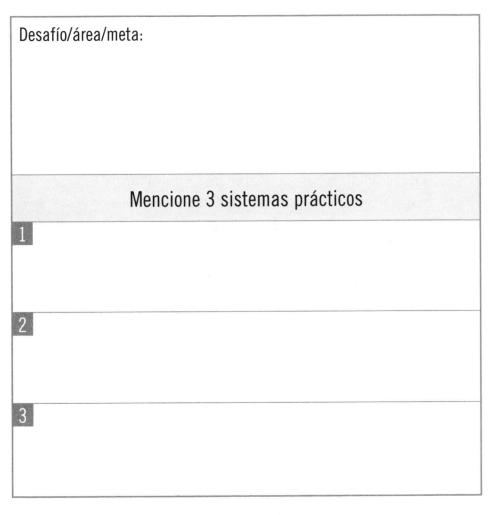

Desafío/área/meta:

## Mencione 3 sistemas prácticos

**1**

**2**

**3**

«Para hacer algo que resulte poderoso,
tiene que ser práctico»

⇒ Examina tu trabajo con la idea de sistematizar las tareas repetitivas. Tal vez debas apartar una hora cada semana para examinar tus cuentas por pagar y por cobrar. Quizás debas escribir notas en tu teléfono celular tan pronto como salgas de una reunión. Tal vez debas utilizar tu computadora o sistema telefónico para que te recuerden los eventos importantes o fechas de entrega. Cuanto menos tengas que pensar, o usar tiempo y energías en tareas repetitivas, más recursos tendrás para enfocarte en las cosas que realmente son importantes.

Probablemente puedas identificar varias situaciones en las que te ahorrarías tiempo y frustraciones si crearas un sistema para manejarlas. Los sistemas te permiten enfocarte en lo que te encanta hacer y lo que haces bien. Como resultado de ello, es más probable que te sientas más satisfecho y obtengas mejores resultados.

Los sistemas también ayudan a prevenir uno de los más grandes asesinos de sueños y creadores de agobio de nuestras vidas: la postergación. Cuando estás agobiado, es fácil postergar las tareas que de todas maneras no querías hacer para llevar a cabo los asuntos «urgentes» que tienes por delante. Pero postergar las cosas casi siempre agrava el agobio, no lo aligera. Y postergar algunas cosas puede ser perjudicial para tu salud, tu felicidad y tu éxito. Si postergas trabajar en tus finanzas, cuidar de tu salud o pasar tiempo con tu cónyuge, esas áreas solamente empeorarán como resultado de tu descuido; te garantizo que sentirás mucho más agobio y dolor al final de ese camino.

Por dicha, los sistemas pueden ayudarte a regular el aplazamiento, sencillamente porque hacen que ciertas cosas se realicen en forma automática. Si creas un sistema para programar tus citas médicas, es más probable que las cumplas. Si preparas pagos automáticos a tus tarjetas de crédito, será menos probable que te retrases en tus cuentas. Hasta puedes crear sistemas para alimentar tus relaciones interpersonales, como una llamada diaria desde la oficina o una cita semanal que cumplas pase lo que pase. Nosotros los seres humanos somos criaturas de rutina y podemos aprovechar esa tendencia para ayudarnos a atender lo que realmente importa. Siempre digo: «Para hacer algo que sea poderoso, tiene que ser práctico». Muy pocas personas pueden confiar completamente en la autodisciplina para lograr sus metas. Los sistemas te ayudan a poner la travesía de tu vida en «a control remoto». No conozco un mejor camino para ir del agobio al éxito que establecer sistemas sencillos y prácticos.

## Sistema #5: La fórmula de la respuesta futura

La clave final para desterrar el agobio de tu vida es *planificar de antemano cómo enfrentarás las circunstancias de la vida.* Aun si tienes los mejores sistemas y un equipo de estrellas óptimo, probablemente no eliminarás por completo los eventos que te hacen sentir agobiado. Todos enfrentamos momentos en los cuales se nos enferman los hijos, se obstruye los desagües de la casa, hay que pagar impuestos, nos encargan de un proyecto de último minuto en el trabajo, etc. Las situaciones que producen agobio son parte de la vida. Sin embargo, la forma en que las enfrentas puede marcar la diferencia entre pasar treinta segundos agobiado y convertir el agobio en un estilo de vida.

Cuando enfrentamos un problema o un hecho inesperado, ¿qué es lo que usualmente hacemos? Reaccionamos sin pensarlo. Si alguna vez has estado a punto de tener un accidente automovilístico, sabes lo que es reaccionar así: sin pensarlo, giras el volante para evitar la colisión. En momentos de peligro, la reacción puede ser algo sumamente bueno. Sin embargo, en la mayoría de los casos, los actos reflejos te meten en problemas. Tus hijos hacen algo indebido y les gritas. Tu cónyuge te habla bruscamente y le respondes de igual manera. La bolsa de valores baja y te invade el pánico. Escuchas un rumor de despidos en el trabajo e inmediatamente llamas al jefe para averiguar si tienes que empezar a buscar otro. En lugar de reaccionar automáticamente a los acontecimientos, debes *responder*. Esto significa tomar el control de tus emociones y usar tu cerebro para determinar la mejor manera de lidiar con las situaciones que surjan. Tienes que aprender a usar la fórmula de la respuesta futura que aprendí de Jack Canfield, coautor de la serie de libros *Sopa de Pollo para el Alma*. La fórmula es la siguiente:

# La fórmula de la respuesta futura

$$ \underline{E} \ + \ \underline{R} \ = \ \underline{R} $$

(evento)        (respuesta)        (resultados)

«Cambia tu enfoque»

Tenemos poco o ningún control de los acontecimientos de nuestra vida. Sin embargo, sí controlamos nuestros pensamientos, actitudes, elecciones y decisiones: nuestra *respuesta* a esos eventos. Cuando controlamos nuestra respuesta, es más probable que incidamos en el resultado de la situación, y eso puede hacer un mundo de diferencia en el nivel de agobio que sintamos.

La mejor manera de utilizar esta fórmula eficazmente es *conservar siempre los resultados deseados en mente, sin importar las circunstancias*. Permíteme darte un ejemplo que veo con mucha frecuencia. Un cliente me acaba de llamar diciéndome: «La bolsa de valores acaba de perder doscientos puntos. Quiero que vendas todas mis acciones y deposites el dinero en una cuenta a plazo fijo. Esa es la única manera en que puedo guardar mi dinero a salvo». El evento era una pérdida de doscientos puntos en la bolsa de valores, pero mi cliente no estaba respondiendo, sino que estaba reaccionando al temor de perder su dinero. Se había olvidado de los resultados y por ello podría haber cometido un error grave.

Mi trabajo como asesor era enfocarle en su meta final. Le respondí: «Tom, recuerda que lo que estás buscando es una jubilación cómoda. Si examinas tu cartera en su totalidad, verás que todavía vas en buen camino para estar listo cuando te jubiles en diez años o menos. Además, esa pérdida de doscientos puntos sucedió únicamente en el índice Dow Jones. El resto del mercado está manteniendo su posición y algunas de tus acciones en realidad han subido de valor. ¿Cómo quieres responder a esta situación?» Tom convino en examinar su cartera nuevamente y —siempre y cuando pudiera ver que podría jubilarse en unos diez años—, estaría dispuesto a dejar las cosas tal cual estaban.

No hace mucho utilicé esta fórmula con unos clientes que tenían problemas con Scott, su hijo de once años de edad. La pareja se estaba divorciando y habían enviado a su hijo a terapia por asuntos de mal comportamiento. Aunque soy asesor financiero y no un consejero de familia, quería ayudar al muchacho; así que pedí a los padres que me dejaran hablar con Scott a solas. Senté al muchacho y le pregunté:

—Me han dicho que estás enfrentando algunos problemas. ¿Qué pasa?

—Mis padres se están divorciando —me respondió.

—Eso es algo terrible —le dije.

Luego le expliqué la fórmula de la respuesta futura.

—El acontecimiento que está sucediendo en tu vida es el divorcio de tus padres —le dije—. ¿Cómo has reaccionado a eso?

—Estoy enojado. Detesto que mis padres hablen mal uno del otro. Estoy sacando malas calificaciones y metiéndome en broncas en la escuela —me dijo.

—¿Y así quieres que sea tu vida? —negó con su cabeza—. ¿Sabes?, no puedes controlar los hechos, pero sí puedes controlar cómo respondes a ellos —continué—. Si pudieras obtener un buen resultado y sacar lo mejor de esta situación, ¿cómo responderías?

Pensó por un minuto.

—Hablaría con mis padres para pedirles que dejaran de hablar mal el uno del otro. Además, una de las razones por las cuales mis calificaciones han bajado es que estoy pasando tres noches a la semana en el apartamento de mi papá, y siempre se me olvida llevarme alguna cosa que necesito para hacer mis tareas. Preferiría quedarme en casa con mamá durante la semana e irme con papá los fines de semana.

—Parece una excelente respuesta —le dije.

Volvimos a hablar con sus padres y les expliqué cómo Scott deseaba responder a su situación. Dos meses después los padres me llamaron y me dijeron:

—Louis, ¡esa fórmula que le enseñaste a nuestro hijo le ha ayudado más que cuatro meses de terapia!

Son muchas las personas que reaccionan en lugar de responder a los hechos de la bolsa de valores, en el hogar o en el trabajo, por lo que toman decisiones que les resultan sumamente costosas a largo plazo. Si mantienes el enfoque en los resultados, te apartas de tu reacción emocional a los acontecimientos y te permites responder a ellos, es más probable que te mantengas fuera del agobio y que tomes mejores decisiones para tu vida.

> Si mantienes el enfoque en los resultados, te apartas de tu reacción emocional a los acontecimientos y te permites responder a ellos, es más probable que te mantengas fuera del agobio y que tomes mejores decisiones para tu vida.

Una vez que comprendas el poder de la fórmula de la respuesta, puedes usarla para prepararte para situaciones que de otro modo te abrumarían. Literalmente puedes planificar tu respuesta a los acontecimientos futuros. Si tienes una situación particular en la que sabes cómo reaccionas regularmente o que te hace sentirte agobiado, trata de utilizar la fórmula de la respuesta futura *antes* de que te encuentres en medio de ella. Tal vez reacciones con frustración y agobio si tu plan de cuidado para tus hijos se estropea, o si tu hijo se enferma y te es necesario salir de la oficina por ello. ¿Qué puedes hacer para asegurar que responderás a esas circunstancias en vez de reaccionar a ellas? La forma más fácil es establecer sistemas de respaldo que te ayuden a lidiar con esos hechos. Tal vez tengas una niñera de emergencia. Quizás tienes a un pariente que puede cuidar de tu hijo hasta que llegues. Tal vez tú y un compañero de trabajo convengan en atenderse las responsabilidades del trabajo entre sí cuando hay una emergencia familiar. Tal vez hables con tu jefe para que te permita trabajar desde casa si tuvieras que cuidar de tu hijo. El sencillo hecho de haber pensado detenidamente en las situaciones que te causan estrés y desarrollar soluciones para ellas de antemano te evitará sentirte agobiado y te ayudará a sentirte más relajado y controlado.

*La responsabilidad es la capacidad de responder en lugar de reaccionar.* Ser responsable significa que estás tomando la decisión consciente de comportarte en una manera que te acerque a tus resultados ideales. Winston Churchill dijo: «El precio de la grandeza es la responsabilidad». Debes decidir si estás dispuesto a dirigir tus pensamientos y emociones, a responder a los eventos en lugar de reaccionar a ellos, a enfocarte en los resultados ideales y asegurarte de que las cosas que escoges te conduzcan a ellos. Desarrollar y utilizar sistemas, formar un equipo de estrellas, fijar tus límites y responder más que reaccionar te permitirá enfrentar las circunstancias de modo más relajado y controlado.

Hay una historia sobre una mansión isabelina en Inglaterra que tenía un laberinto en su jardín. Cada año, visitantes de todas partes del mundo concurrían a ella para disfrutar perdiéndose en los giros y vueltas del laberinto. En promedio, tomaba como una hora para que una persona caminara de un extremo al otro del laberinto, a menos que conocieras el secreto. Si dabas vuelta a la derecha en cada intersección, cruzarías el laberinto en menos de cinco minutos. Del mismo modo, puedes abandonar el laberinto del agobio si conoces los secretos de la simplificación, que incluyen la lista 80/20, fijar límites y decir no con eficacia, formar a tu equipo de estrellas de apoyo, crear sistemas para agilizar tu vida y anticipar los desafíos para responder en lugar de reaccionar a ellos. Estos son los «giros a la derecha» que te ayudarán a permanecer relajado y bajo control mientras avanzas por el laberinto de la vida.

mal pagado

# CAPÍTULO CUATRO

# De mal pagado a tener éxito con un trabajo significativo

En este capítulo descubrirás...

» las cinco razones que te hacen sentir mal pagado;

» la clave para recibir una mayor remuneración es aumentar el valor de lo que das y recibes (esto puedes hacerlo enfocándote en tus puntos fuertes y usarlos para crear mayores ganancias para ti y para tu negocio);

» cómo crear un plan de negocios para «Tú, S.A.» (es una mentalidad de tu ser, de que tú eres tu propia empresa. Aunque seas empleado por jornada o salario, tienes la actitud de que tu persona es una empresa. En ti está tu propio éxito personal), incluyendo una visión, metas y resultados específicos y una hoja de balance de activos y responsabilidades;

» formas para realizar tus puntos fuertes invirtiendo tiempo, dinero y recursos;

» los secretos para mitigar, delegar o eliminar los puntos débiles; y

» cómo reconocer y evaluar oportunidades para acelerar tus ingresos.

«Louis, llego arrastrado a casa del trabajo todas las noches y siento que no he logrado nada, y de todas maneras, no me gusta lo que hago. Entro por la puerta de mi casa y me desplomo en una silla, exhausto. No me pagan suficiente para trabajar así...»

«Cada mes me hallo sentado en mi escritorio tratando de determinar cómo pagaré las cuentas. Cada mes pareciera que termino teniendo menos dinero del que necesito. Le he pedido un aumento a mi jefa, pero ella dice que la cosa está difícil. Me ofreció un mejor puesto, pero no un mejor salario. El mercado laboral está terrible, así que no me atrevo a renunciar, pero no me pagan suficiente para proporcionarle a mi familia el estilo de vida que se merece. . . ¿Qué hago?»

«Louis, disfruto el trabajo pero últimamente estoy pasando mucho más tiempo en la oficina, y eso me aparta de mi vida familiar. Apenas esta semana llegué tarde de otra reunión de negocios para encontrar una nota en el refrigerador acerca de una reunión con la maestra de mi hija. Mi niña está enfrentando problemas en la escuela y yo ni siquiera lo sabía. No me pagan suficiente para estar alejado de mi familia de esta manera...»

Escucho historias como esas todo el tiempo en mi oficina, entre los que asisten a mis seminarios y entre otros profesionales que encuentro a través de todo Estados Unidos. La mayoría se siente mal pagada y menospreciada. Si tú también te sientes mal pagado, no me sorprende ya que los salarios han estado estancados para la mayoría de los obreros por más de treinta años. Según el Economic Policy Institute [Instituto de Política Económica], entre los años 1979 y 2000, la productividad aumentó en más de un sesenta y siete por ciento, y el tiempo que los obreros pasan en el trabajo aumentó en ocho semanas completas por año para cada trabajador. Sin embargo, los salarios promedio de los obreros aumentaron *menos del nueve por ciento*, un aumento promedio del 0.3% ciento por año. Para el ingreso promedio del hogar, que en el 2004 ascendía a 54,061 dólares, eso correspondería a un aumento de apenas 1,622 dólares. Y con la inflación promedio de 2.69% durante ese mismo período de siete años, queda claro que hasta los obreros mejor pagados no están manteniéndose al día con la inflación. De hecho, entre el 2000 y el 2004, el ingreso familiar promedio en Estados Unidos disminuyó en un 3%.

En el periodo 2005/2006, Salary.com desarrolló una encuesta por la Internet sobre la satisfacción en el trabajo que abarcó a casi catorce mil obreros y cuatrocientos gerentes de recursos humanos. Sesenta y cinco por ciento de los que respondieron afirmaron tener planes de buscar un nuevo empleo en los tres meses siguientes, y la mayoría citó la remuneración inadecuada como la razón principal. Cuando Salary.com analizó los salarios de esos empleados descubrió que, según los marcos de referencia laborales, aproximadamente un veinte por ciento de ellos estaban mal pagados y aproximadamente un treinta por ciento tenían salarios tan por debajo del promedio del mercado que es probable que en algún momento esos individuos recibieran un título en lugar de un aumento de sueldo. Eso significa que la mitad de nosotros estamos mal pagados o recibiendo un salario menor que el indicado por nuestros títulos. También podría deberse a cierto disgusto con las exigencias del trabajo. Por ejemplo, muchos de mis clientes reciben un salario de seis cifras, pero se sienten infelices por la cantidad de tiempo que tienen que pasar alejados de sus familias.

Al igual que con el agotamiento y el agobio, sentirse mal pagado primordialmente obedece a componentes que son de carácter práctico y emotivo. Creo que nos sentimos mal pagados por una (o más) de cinco razones.

## Razón #1: *Realmente* te pagan menos de lo que vales

Eres parte de ese cincuenta por ciento cuya remuneración está por debajo de las normas de la industria o por debajo del puesto que ocupas en la actualidad. Tal vez fuiste deficiente como negociador cuando te contrataron o no investigaste los salarios comparables en la industria. Quizás empezaste en un puesto con un salario inferior y tu salario subsiguiente se ha basado en aquella cantidad. Tal vez cuando pediste un aumento, te ofrecieron un nuevo puesto sin incrementar tu salario. Ahora eres «Supervisor» o «Director» o «Jefe de Departamento», pero no te pagan lo mismo que otros supervisores porque no estás haciendo el mismo trabajo.

Si realmente estás mal pagado, necesitas conocimiento y acción. Primero, debes informarte en cuanto a la remuneración apropiada para tu trabajo en la industria. Acude a sitios web como Salary.com y Monster.com para revisar los niveles salariales actuales para trabajos como el tuyo. Necesitas comparar tus responsabilidades de trabajo con las de otros que tengan el mismo título en otras firmas para ver si tienes un título que excede las responsabilidades del trabajo que desempeñas.

En segundo lugar, es necesario que actúes. Tienes que aprender a «promoverte» para asegurar que tus esfuerzos sean reconocidos y recompensados. Antes de llegar a tu próxima evaluación de trabajo, documenta todo el valor que estás aportando y las tareas que has desempeñado. Tu documentación deberá incluir logros tangibles como la cantidad de dinero que has ahorrado o que has ganado para la empresa, o los aumentos en la eficiencia y los resultados. Compara lo que realmente haces con tu descripción de trabajo y demuestra en qué manera estás excediendo los requisitos mínimos en forma significativa. Entrega la documentación a tu supervisor o departamento de Recursos Humanos antes de tu evaluación, junto con una propuesta de aumento, ascenso, tiempo de compensación y otras cosas que te interesen.

Durante tu evaluación, prepárate para explicar tu caso con claridad y de manera optimista, y ten en claro cuál es el «resultado final» que buscas. ¿Son obligatorios el aumento, el ascenso o el tiempo de compensación? De ser así, ¿cuánto necesitas de aumento? ¿Cuál es el ascenso que deseas? Si no se satisfacen tus necesidades, ¿cuál será tu plan alterno? Recuerda, como último recurso siempre puedes dejar el trabajo. El punto es que no seas uno de esa mayoría de trabajadores que se sienten mal pagados o menospreciados y que no hacen nada al respecto, salvo quejarse. Esa es una receta para las frustraciones y el estrés.

## Razón #2: No ganas lo suficiente para mantener el estilo de vida que anhelas (o peor aun, el que tienes)

¿Sabes cuál es la definición de rico? Rico es aquel cuyos ingresos exceden a sus gastos un diez por ciento. ¿Y la definición de pobre? Aquel cuyos gastos exceden a sus ingresos un diez por ciento. Algunas personas se sienten mal pagadas porque no tienen dinero suficiente para pagar por su estilo de vida. Otros tienen suficiente para cubrir sus necesidades actuales, pero envidian el televisor de pantalla gigante y el carro nuevo del vecino. Si no tienes dinero suficiente para cubrir tus gastos, es necesario que adquieras el hábito de vivir conforme a tus medios. De lo contrario, aunque aumenten tus ingresos, tenderás a continuar gastando más de lo que ganas. Gastar menos de lo que ganas es la única manera de edificar un futuro para ti y tu familia. También es la forma más directa de aumentar tus ingresos de modo inmediato: Recortar tus gastos un cinco por ciento equivale a darte un aumento de sueldo de un cinco por ciento. Si al final del mes miras tus ingresos y ves que hay dinero sobrante después de haber pagado todas tus cuentas, te sentirás mucho más adinerado y feliz.

Gastar menos de lo que ganas es la única manera de edificar un futuro para ti y tu familia.

Una de las formas más sencillas para empezar a gastar menos de lo que ganas es pagarte a ti mismo primero. Es decir, apartar un porcentaje determinado de tus ingresos para invertirlo en ahorros, una cuenta para gastos de emergencia, cuentas de jubilación y así sucesivamente. Si visitas mi página web, www. louisbarajas.com, hallarás un capítulo adicional que describe formas claras y sencillas en las cuales puedes crear un plan financiero para ti y tu familia.

## Razón #3: Estás esforzándote más en el trabajo que la remuneración que recibes.

Si trabajas mucho tiempo extra pero no recibes ni paga adicional ni tiempo libre en compensación, puedes sentirte mal pagado. Aun si no trabajas mucho tiempo extra, puedes llegar a sentir que estás ofreciendo mucho valor en el trabajo que queda sin reconocerse ni recompensarse. Quizás seas un asistente administrativo que hace una gran parte del trabajo de tu gerente. Quizás tus esfuerzos adicionales hagan que tu jefe quede muy bien, pero tú recibes muy poco reconocimiento por ello. Quizás tomes responsabilidades adicionales que no forman parte de la descripción de tu cargo. Tal vez seas el que lidia con los números en tu equipo porque esa es tu área fuerte, aunque tu cargo oficial es el de agente de ventas. O eres maestra de escuela y te has encargado de un curso después del horario normal de escuela para los alumnos que no leen al nivel de su grado.

Si trabajas tiempo extra sin recibir remuneración por ello, tendrás que cambiar de trabajo, cambiar de expectativas o cambiar la manera en la que trabajas. Primero, examina la realidad. ¿Estás haciendo más, en realidad, que los demás que desempeñan este mismo tipo de trabajo? ¿Hay otras personas que están desempeñando el mismo trabajo y que lo hacen de modo más eficiente que tú? Tal vez te convenga pedir más ayuda en lugar de más dinero. ¿Es valioso para la empresa o la organización el trabajo adicional que haces? Ese programa después del horario de clases regulares te podría parecer absolutamente necesario, pero si tu distrito escolar no tiene fondos para pagar por él te será difícil convencer a los encargados de que te paguen más para crearlo.

También deberás conocer la política de tu empresa. Si esta no permite tomar tiempo pagado como compensación por tiempo extra trabajado, pedir tiempo de compensación no dará resultado. Te convendría más negociar por otro beneficio, tal como trabajar desde casa un día por semana, o pedir soporte técnico o personal adicional para terminar el trabajo en menos tiempo. Tal vez debas decir que no cuando te pidan que trabajes extra sin compensación y negociar por ello en las áreas en las que se te pide hacer más que los demás.

## Razón #4: El trabajo te aparta de lo que es realmente importante para ti

A veces la sensación de estar mal pagado está vinculada a un resentimiento originado porque el trabajo te aparta de las actividades o personas más importantes para ti. Si hallas que dices cosas como:

«No me pagan suficiente para estar de viaje todo el tiempo», o «No hay dinero suficiente en el mundo que compense el no ver a mis hijos crecer», entonces has hallado la razón tras tus sentimientos. Mira el plano de vida que creaste en el capítulo 2, y observa si hay una falta de correspondencia entre el tiempo y el enfoque que dedicas a tu trabajo y la cantidad de estas cosas que quieres dedicar a otras áreas, valores, relaciones y funciones. En el capítulo 5 discutiremos cómo hacer que el trabajo encaje en tu vida, y no lo contrario.

## Razón #5: No disfrutas tu trabajo

Una de las diferencias más grandes entre sentirte adecuadamente remunerado y mal pagado no es el dinero, sino la sensación de estar haciendo algo que haces bien y que disfrutas. Si alguna vez has hecho algún trabajo voluntario que te encantó, pero por el cual no te pagaron, o trabajaste en un proyecto sin parar sencillamente porque te encantaba lo que hacías, entonces comprendes que la compensación no tiene que ser monetaria. Es más, las personas casi siempre experimentan mayor satisfacción cuando les gusta su trabajo, cuando hacen bien las cosas y sienten que se les recompensa justamente. Por otro lado, las personas que no les gusta su trabajo y que no sienten que sus talentos y habilidades se están utilizando al máximo son las que probablemente busquen otro trabajo, aun si se les ofrece una mayor paga por quedarse. La satisfacción en el empleo casi siempre vence a la remuneración. Y uno de los factores más importantes que contribuye a la satisfacción en el empleo es sentir que tenemos la oportunidad de utilizar nuestros talentos y habilidades. Una gran parte del resto de este capítulo te ayudará a

> La satisfacción en el empleo casi siempre vence a la remuneración.

definir lo que te encanta hacer y las cosas en las cuales tienes el potencial de sobresalir. Luego aprenderás cómo utilizar tus talentos y habilidades para crear un trabajo bien remunerado y agradable.

## La solución cuando sientes que estás mal pagado

La mayoría de las personas sienten que están mal pagadas cuando hay una desconexión entre el valor de lo que brindas al trabajar y lo que recibes a cambio. Si no te pagan de modo adecuado, no estás recibiendo un valor monetario suficiente. Si no te sientes apreciado o no disfrutas lo que haces, no estás recibiendo valor emocional suficiente. Si aportas una buena cantidad de tiempo no remunerado o si tu trabajo te aparta de otros aspectos de tu vida, sientes que el intercambio de valores es desigual. Es necesario que cambies tu enfoque hacia lo que puedes hacer para *aumentar el valor de lo que das y recibes*, en lugar de sencillamente pedir más de tu trabajo. Cuando aumentas el valor ya sea monetario o emocional que recibes de tu trabajo, descubrirás que te sientes mejor recompensado. Y cuando aumentas el valor de lo que das, y otros concuerdan en que estás proporcionando más valor, entonces probablemente aumentes tus ingresos también.

Puedes elevar el valor que brindas al máximo si *te enfocas en tus puntos fuertes*. Los puntos fuertes en resumen significan: «Haz más de lo que haces bien, hazlo con mayor frecuencia y hazlo de manera que generes ganancias para ti y para tu negocio». Te han contratado en un empleo porque alguien piensa que crearás valor a cambio del dinero que se te paga. ¿Acaso no tiene sentido decir que serás capaz de crear más valor si usas tus puntos fuertes? ¿No disfrutas más de tu trabajo cuando lo haces de modo extraordinario, y no es más probable que hagas una labor extraordinaria cuando aprovechas tus talentos y tus puntos fuertes? Cuando te enfocas en tus fortalezas, hallas que es más fácil prosperar y tu trabajo tendrá más significado.

Uno de los factores más importantes que contribuye a la satisfacción en el empleo es sentir que tenemos la oportunidad de utilizar nuestros talentos y habilidades.

Las estrategias que sirven para eliminar el sentimiento de estar mal pagado de tu vida se dividen en dos categorías: *pasión* y *potencial*. La pasión es lo que nos impulsa a todos, pero muchos de nosotros hace tiempo que dejamos de sentir entusiasmo por lo que hacemos. Muchas personas tratan sus empleos de la misma manera en la que tratan sus relaciones de largo plazo: como una obligación más que por gusto. Cuando ponemos poca pasión a nuestros trabajos, ¿por qué nos sorprende si sacamos muy poco a cambio? Creo que tu empleo debiera ser algo que te encante hacer. Es lo que llamo una «ocu-pasión». Las personas que sienten pasión por su trabajo no tienen interés en jubilarse porque les encanta lo que hacen y lo harían para siempre. El secreto es descubrir tu pasión y luego vincularla a tu trabajo. Entonces valorarás tu trabajo más y los demás también lo harán.

La segunda categoría de la estrategia es el *potencial*. No importa cuánto des en tu trabajo, eso apenas representa una fracción de tu potencial verdadero. Para ganar más es necesario que aprendas a utilizar más de tu potencial, ya sea en el trabajo o en otras áreas. Pero también necesitas actuar con inteligencia. Recuerda el principio del 80/20: Un veinte por ciento de nuestros esfuerzos produce el ochenta por ciento de nuestros resultados. Tu veinte por

El secreto es descubrir tu pasión y luego vincularla a tu trabajo. Entonces valorarás tu trabajo más y los demás también lo harán.

Agotado, agobiado y mal pagado

ciento se compone de la combinación exclusiva de talentos, habilidades, conocimiento y pericia que te hacen resplandecer. Eres más eficaz, produces excelentes resultados y disfrutas mejor de lo que haces cuando empleas tus puntos fuertes en el trabajo. Conocer y utilizar tus puntos fuertes te permite aprovechar una mayor parte de tu potencial año tras año. Abre también tu mente a las nuevas posibilidades de modo que crees mayores ingresos. Cuando combinas la pasión con el potencial, el trabajo empieza a sentirse más como una vocación. También es más divertido y satisfactorio, tanto en lo financiero como en lo emocional.

## Tú, S.A.

Imagínate que entras por las puertas de la sede de una corporación multimillonaria. La recepción es acogedora y de buen gusto, la atmósfera está llena de actividades bien enfocadas. Este, evidentemente, es un lugar en donde se logran cosas importantes de modo eficaz y con excelencia. Miras en la pared detrás del escritorio de la recepción y ves las palabras «TÚ, S.A.», ¡y se menciona tu nombre con el título «Fundador, presidente y director ejecutivo»!

> La persona promedio tendrá siete carreras diferentes a lo largo de su vida laboral; *carreras*, no empleos.

La persona promedio tendrá siete carreras diferentes a lo largo de su vida laboral; *carreras*, no empleos. Para asegurarte de recibir remuneración adecuada en cada paso del camino, es necesario que veas tu trabajo como si fuera un negocio, el cual tienes la responsabilidad de guiar para obtener un nivel óptimo de provecho, productividad y ganancias. Necesitas planificar tu vida comercial con tanto cuidado como el director ejecutivo o presidente planifica la vida de una empresa. *Eres el fundador, presidente y director ejecutivo de la «empresa» Tú, S.A.* Seas empleado, jefe o empresario, es necesario que trates tu vida profesional como que estás encargado del éxito o fracaso de tus negocios, porque lo estás. Sólo tú puedes proporcionar la pasión y el potencial que aumentará los resultados de Tú, S.A., y así aumentar tus ingresos.

Hay tres sistemas que te ayudarán a aumentar tu pasión y a aprovechar una mayor parte de tu potencial. El plan de negocios de Tú, S.A. te ayudará a cambiar tu marco mental al crear una visión y un plan para tu vida laboral que convierta tu pasión en algo práctico. El identificador de talentos y el edificador de puntos fuertes te permitirán identificar tus habilidades excepcionales y te ayudarán a eliminar o reducir las áreas de tu vida laboral en que no eres fuerte. Finalmente, el acelerador de oportunidades de ingresos te mostrará cómo utilizar los aspectos en los que eres sobresaliente para ganar mayores ingresos, ya sea como parte de tu trabajo actual o, además, del mismo.

## ◇ Sistema #1: El plan comercial de Tú, S.A.

Todo negocio empieza con una visión que incluye su identidad, lo que hace, quiénes son sus clientes, sus metas de ingresos para cada mes, cada año, cada cinco años y cada década; y cómo planifica crecer dentro de su porción particular del mercado. El plan comercial también incluye una lista de los bienes que el negocio posee y las responsabilidades que deberá cumplir para poder sacar ganancias. El plan comercial de Tú, S.A. deberá contener esos mismos elementos. Debes tener una *visión* de tu vida comercial: es necesario que sepas quién eres en tu negocio, qué haces y a quién sirve tu vida laboral. Tu visión deberá inspirarte y entusiasmarte de modo que estés dispuesto a realizar el trabajo que ello requiere. Tu plan comercial deberá tener *metas y resultados específicos*, no sólo en cuanto a la cantidad de dinero que deseas ganar, sino también respecto al valor que deseas proporcionar. Finalmente, es necesario que evalúes tu punto de partida, tu *«hoja de balance»* actual de bienes y responsabilidades, ya sea que incluya elementos tangibles tales como dinero o educación, o algunos intangibles como creencias, hábitos, habilidades e identidad.

**Paso 1: La visión de Tú, S.A.** Jim Collins, autor de *Empresas que sobresalen: Por qué unas sí pueden mejorar la rentabilidad y otras no*, dice que las empresas pasan de ser buenas a excelentes cuando enfocan sus esfuerzos en tres factores: (1) hacer lo que les encanta, (2) hacer las cosas que saben hacer de modo excelente y (3) hacer cosas que generen ganancias. Estos tres factores aplican de modo igual a la visión que debes crear para tu vida laboral. No importa cuánto dinero se pueda ganar en una carrera, a menos que te encante lo que haces, probablemente no intentarás desarrollarla. Por otro lado, cuando encuentras un trabajo vinculado a algo que harías aunque nadie te pague por hacerlo, entonces has hallado un trabajo que te hará levantarte por las mañanas y te mantendrá esforzándote por muy largo tiempo.

Crear una visión para tu trabajo puede ayudarte a decidir qué carrera empezar. Si ya tienes una carrera, puede ayudarte a determinar cómo disfrutarla más, o ayudarte a decidir hacer otra cosa. Cuando la visión por tu trabajo corresponde a la realidad de lo que haces, tienes una receta para el éxito y la satisfacción. Estos son los pasos que se requieren para crear tu visión laboral. Este ejercicio debe tomarte entre treinta minutos y una hora para completarlo.

1. Escribe una descripción de todo lo que te encanta hacer en tu trabajo actual. ¿Te gusta hablar con personas? ¿Establecer

conexiones? ¿Persuadir? ¿Formar un equipo y dirigir sus esfuerzos? ¿Ayudar a las personas? ¿Investigar un problema? Piensa en otros empleos que hayas tenido. ¿Qué cosas disfrutabas de ellos? Escribe cada aspecto de tu empleo actual o anterior que realmente hayas disfrutado.

2. A continuación, escribe cada cosa que disfrutas hacer fuera del trabajo, incluso los pasatiempos, los servicios voluntarios, la recreación y otros. ¿Qué cosas específicas disfrutas de esas actividades? Podrías hallar unos elementos en común entre esta lista y la primera. Si te gusta formar equipos en el trabajo, tal vez podrías ser entrenador de un equipo juvenil deportivo los fines de semana. Si te gustan los crucigramas, tal vez descubras que tu trabajo ideal requiera de algún tipo de solución de problemas. Encierra en un círculo los elementos que las dos listas tengan en común.

3. Basándote en tus listas, ¿en cuántos tipos diferentes de ocupaciones o negocios podrías participar y disfrutarlos? Una persona que disfruta de los números podría ser analista, contador, maestro, investigador, recopilador de estadísticas, contable, consejero financiero, etc. Alguien que disfruta guiar a otros podría ser entrenador, supervisor, ejecutivo, orador o presentador, preparador, consultor y mucho más. Escribe cada trabajo o negocio posible que te permitiría ganar dinero haciendo algo que disfrutas.

4. Ahora crea una visión de tu trabajo ideal. Esta puede ser una versión de tu ocupación actual pero en su nivel óptimo o algo completamente diferente. ¿Qué harías si pudieras escoger cualquier trabajo en el mundo? Imagínate que trabajas haciendo algo que te entusiasma, en lo que el tiempo parece pasar volando porque te concentras en ello. Escribe una descripción deta-

Agotado, agobiado y mal pagado

llada de tu jornada de trabajo. ¿Cómo pasas el tiempo? ¿Trabajas mayormente solo o con un equipo? ¿Requiere tu trabajo que viajes o laboras desde tu casa parte del tiempo? ¿Recibes reconocimiento de los demás o es suficiente una labor bien cumplida para mantenerte contento? ¿Cómo te sientes cuando terminas de trabajar cada día?

Acabas de describir tu ocu-pasión, el trabajo que estarías dispuesto a hacer aunque no te pagaran. Lo cierto es que es más probable que te paguen bien por hacer algo que te encanta ya que le dedicarás una mayor parte de tu tiempo, tu energía y tu enfoque, y como resultado de ello serás mejor. Al igual que dice el título de ese libro clásico de autoayuda, haz lo que te encanta y el dinero vendrá como consecuencia.

**Paso 2: Las metas de Tú, S.A.** Ahora que has desarrollado una visión de tu «ocu-pasión», puedes empezar a elaborar un plan para convertirlo en realidad. Tal vez hayas oído decir: «Ver para creer», pero en realidad la visión y la pasión anteceden al creer, y creer precede a la realidad. Es más, cambiar tu visión es la única manera en que tu realidad puede modificarse. Y cuando sientas pasión por tu visión, tendrás el impulso y las energías para convertirla en realidad.

Tu plan empieza con las metas profesionales y financieras específicas para la empresa Tú, S.A. Las metas profesionales tienen que ver con los resultados de tu vida laboral, mientras que las financieras se relacionan con la cantidad de dinero que ganarás.

*1. Metas profesionales:* Observa la descripción de tu trabajo o carrera ideal. Si estuvieras creando un plan anual para este negocio, ¿qué cosas incluiría? ¿Cuáles son las metas principales anuales

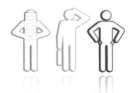

# Tu visión
# del trabajo

| |
|---|
| Describe todo lo que disfrutas de tu trabajo actual |
| **1** |
| Disfruta todo lo que disfrutas fuera de tu trabajo |
| **2** |
| Basándote en lo anterior, ¿en cuántos tipos de ocupaciones/negocios podrías participar y disfrutarlos? |
| **3** |
| Crea una visión de tu trabajo ideal |
| **4** |

que te has fijado para tu labor? (Si tu trabajo ideal no es el que desempeñas ahora, tu primera meta podría ser elaborar un plan para dejar tu trabajo actual.) Supón que vas a examinar tu vida en un año futuro. ¿Qué deberás haber logrado para sentirte exitoso y satisfecho?

Junto a cada meta, escribe por qué es importante para ti lograrla. ¿Para sentir que estás viviendo conforme a tu propósito? ¿Para aprender y crecer? ¿Para hacer una diferencia? ¿Para cuidar de tu familia? ¿Para mejorar tu industria? ¿Para sobresalir como ejemplo de excelencia en tu campo? ¿Para cuidar de las personas que laboran en tu empresa? Un «por qué» poderoso da la energía que te ayudará a lograr tus metas sin importar los obstáculos y desafíos que enfrentes.

Ahora extiende tu «plan comercial» hacia el futuro. ¿Cuáles son tus metas para los próximos cinco años? ¿Los próximos diez? Si estás preparándote para jubilarte, ¿qué esperas haber logrado entre ahora y entonces?

*2. Metas financieras:* Escribe tu ingreso anual del último año y a su lado la cantidad que te gustaría ganar este año con el trabajo que describiste en tu visión. Asegúrate de que esa cifra nueva sea por lo menos diez por ciento mayor que el ingreso del año pasado. (Si sientes que podrías aumentar tus ingresos en un porcentaje mayor, escribe la cifra que corresponda.) ¿Cómo te sentirías si estuvieras ganando esa cantidad por desempeñar un trabajo que te gusta?

Debajo de esta nueva cifra de ingreso, escribe cuánto te gustaría ganar cada año en los próximos diez años. Aumenta la cifra de cada año en un mínimo de diez por ciento. (De paso, con un aumento anual de apenas un diez por ciento, ¡doblarás tus ingresos en menos de ocho años!)

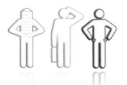

# Las metas para Tú, S.A.

## Metas profesionales

Trabajo/Carrera ideal:

| | Metas para un año | ¿Por qué es importante? |
|---|---|---|
| 1 | | |
| 2 | | |
| 3 | | |
| 4 | | |
| 5 | | |

| | Metas para cinco/diez años | ¿Por qué es importante? |
|---|---|---|
| 1 | | |
| 2 | | |
| 3 | | |
| 4 | | |
| 5 | | |

Agotado, agobiado y mal pagado

Bajo la lista de tus metas financieras, escribe todas las razones que te motivan a convertir esas metas en realidad. ¿Por qué quieres ganar más dinero? ¿Para al fin sentirte bien pagado? ¿Para que tu familia pueda tener un mejor estilo de vida? ¿Para poderte jubilar antes, enviar tus hijos a la universidad o contribuir más a una causa u organización? ¿Te sentirás más confiado porque ganas más? ¿Te permitirá aprovechar oportunidades profesionales? ¿Te ayudará a dormir mejor? ¿Habrá menos estrés en tu matrimonio? No te preocupes por *cómo* aumentarás tus ingresos. Recuerda, la visión y la pasión anteceden a la creación, y la pasión y la visión provienen de las razones personales por las cuales quieres lograr tus metas.

**Paso 3: La hoja de balance de Tú, S.A.** Toda empresa necesita tener una hoja de balance precisa que indique sus bienes y responsabilidades. Tu hoja de balance personal es igual de vital para los negocios de Tú, S.A. Necesitas conocer los bienes que puedes utilizar para que tu vida laboral tenga éxito y debes reconocer las responsabilidades que es necesario reducir, eliminar o tratar de modo que puedas buscar la labor bien remunerada y significativa que comprenda tu ocu-pasión.

*1. Bienes:* En el formulario hoja de balance de Tú, S.A., en la página 128, en la primera columna, «Experiencia», escribe las habilidades, conocimientos, hábitos y experiencia que ya posees y que podrían ayudarte en tu carrera. Los títulos profesionales, clases y el tiempo que dedicas a este mismo tipo de trabajo van en esta columna. ¿Por qué vas a sobresalir en este trabajo ideal que has pensado? Sé específico. Cuanto más detalles proporciones, mejor.

En la segunda columna, «Recursos mentales», escribe tus opiniones sobre por qué puedes tener éxito en tu carrera ideal. ¿Qué crees que eres capaz de hacer? ¿Dónde has tenido éxito antes? ¿Por

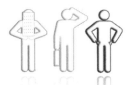

# Las metas para Tú, S.A.

## Metas financieras

Trabajo/Carrera Ideal:

| Ingresos anuales del año pasado | Ingreso que te gustaría ganar este año | |
|---|---|---|
| | | |
| ¿Cómo te sentirías si estuvieras ganando esa cantidad? | Ingresos por los próximos 10 años | |
| | 1 | |
| | 2 | |
| | 3 | |
| | 4 | |
| | 5 | |
| | 6 | |
| | 7 | |
| | 8 | |
| | 9 | |
| | 10 | |

| Razones por las cuales estas metas deben ser realidad |
|---|
| 1 |
| 2 |
| 3 |
| 4 |
| 5 |

qué estás bien capacitado para este empleo? ¿Por qué estás comprometido a hacer que eso suceda? ¿Qué cualidades de carácter posees que te ayudarán a tener éxito? Imagina que tienes que vender tus servicios a alguien que está considerando contratarte. ¿Qué podrías decir que dejaría en claro que tú eres la mejor persona para este empleo, carrera o negocio?

En la tercera columna, «Recursos físicos», menciona los bienes tangibles que puedes emplear en tu trabajo ideal. Eso incluye recursos financieros como ahorros o bienes líquidos; equipos como computadoras de escritorio y portátiles, teléfonos celulares, asistentes digitales, automóviles y herramientas; servicios como conexión a la Internet, teléfonos, membresías profesionales; espacios donde se desarrollan las actividades comerciales (una habitación de tu casa, si corresponde); y otros más. Asegúrate de incluir los recursos a los cuales tienes acceso, pero que no son necesariamente de tu propiedad. ¿Tienes acceso a líneas de crédito? ¿Tienes valores en la propiedad de tu casa? ¿Tienes inversionistas o socios potenciales? Menciona todos los recursos que posees o a los cuales tienes acceso.

2. *Responsabilidades:* En otra hoja, anota las responsabilidades en términos de tu experiencia, recursos mentales y recursos físicos. ¿Qué experiencia te hace falta hoy que necesitarás? ¿Qué conocimientos, habilidades o hábitos necesitas adquirir? ¿Hay hábitos que deberás eliminar para poder tener éxito? Si, por ejemplo, quieres ser gerente, pero eres desorganizado, necesitarás eliminar el desorden y desarrollar mejores habilidades organizativas.

En términos de tus recursos físicos, ¿cuáles son tus responsabilidades o pasivos actuales? ¿Qué necesitas en tu trabajo ideal que no posees en la actualidad o a lo cual no tienes acceso? Digamos

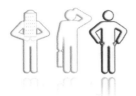

# Hoja de balance
# de Tú, S.A.

| Experiencia | Recursos mentales | Recursos físicos |
|---|---|---|
| 1 | | |
| 2 | | |
| 3 | | |
| 4 | | |
| 5 | | |
| 6 | | |
| 7 | | |

Agotado, agobiado y mal pagado

que quieres iniciar tu propio negocio y necesitas diez mil dólares como capital inicial. Sin embargo, no tienes valor acumulado en tu casa, tienes deudas fuertes en tarjetas de crédito y no tienes socios interesados en invertir en tu negocio. Esas cosas son pasivos. O tal vez deseas fundar una empresa que funcione desde tu casa, pero en la actualidad no tienes más espacio que tu mesa del comedor. La falta de espacio es un pasivo.

Finalmente, examina tus recursos mentales. ¿Qué opinión tienes de ti mismo que pudiera impedirte obtener tu empleo ideal? ¿Qué opiniones tienes en cuanto al negocio, al dinero, al esfuerzo y las recompensas, a los sacrificios que tu trabajo ideal podría requerir? ¿Qué dudas tienes en cuanto a ti mismo y a tus habilidades? ¿Cómo te ves a ti mismo? Muchos de nosotros estamos ciegos en cuanto a nuestros propios tesoros interiores. No podemos ver los recursos de fuerza, enfoque, creatividad, disciplina y diligencia, porque se nos ha enseñado desde la cuna a creer que eso no indica lo que somos. ¿Cómo te ves a ti mismo cuando se trata de tu capacidad para crear tu carrera ideal? ¿Careces del apoyo de los que te rodean? (Un cónyuge que no brinda su apoyo es uno de los obstáculos más grandes del éxito.) Recoge todas las razones posibles por las cuales no puedes alcanzar el éxito. Es mejor tenerlas escritas ahora, en vez de dejar que permanezcan sin expresarse y que luego salgan a la luz para sabotear tus esfuerzos.

*3. Transforma tus pasivos.* Mira tu lista de pasivos y hazte la pregunta: ¿Cómo puedo eliminar o reducir estas cosas? En la columna «Experiencia», ¿puedes obtener capacitación adicional? ¿Adquirir conocimientos adicionales? ¿Desarrollar habilidades nuevas? ¿Eliminar hábitos antiguos y sustituirlos por nuevos? Toma los tres pasivos que estimes más urgentes y elabora un plan para eliminarlos o reducirlos en los próximos noventa días.

En el área de «Recursos físicos», ¿cómo puedes obtener acceso a más recursos o reducir el impacto de estos pasivos? Si tienes deudas fuertes, deja de gastar y empieza a cancelar tus deudas de tarjetas de crédito. Si no tienes acceso a recursos financieros, quizás puedas empezar a desarrollar una relación ahora con el oficial de préstamos de un banco local, de modo que tengas los recursos disponibles en una fecha futura. También podrías explorar avenidas para obtener inversionistas. Si careces de recursos como espacio, materiales, equipo y cosas similares, ¿cómo puedes hallar o adquirir lo que necesitarás? Incluye dos de los puntos de tu lista como parte de tu plan de noventa días.

Se puede pensar que el manejo de los pasivos o responsabilidades en el área de los «Recursos mentales» es el más sencillo de los tres, pero a menudo puede resultar ser el más difícil. Es necesario que dejes de enfocarte en tus pasivos y aprendas a centrarte en todo lo que tienes que ofrecer. Junto a cada uno de los elementos de tu lista de pasivos mentales, escribe la opinión opuesta. «Nunca tengo éxito» se convierte en «Siempre tengo éxito». «Soy indisciplinado» se convierte en «Estoy enfocado y ocupado en la tarea». «Los negocios son demasiado complicados para mí» se convierte en «Los negocios son fáciles de comprender». Estas opiniones alternas son activos potenciales que ayudarán a la empresa Tú, S.A. a lograr el éxito. En la parte inferior de la columna, escribe: «Si todo esto es cierto, entonces...» y luego escribe cómo serían tu vida y tu negocio si creyeras estas opiniones alternas. Si crees que siempre lograrás el éxito, ¿cómo actuarías? ¿Qué cosas intentarías? ¿Cómo te iría? Si los negocios fueran fáciles de comprender, ¿qué impacto tendría eso en tu empleo ideal? Si estuvieras enfocado y ocupado en la tarea, ¿cuánto más fácil

Agotado, agobiado y mal pagado

sería tu vida laboral? Todos los días, en los próximos noventa, lee tu lista de recursos mentales alternos y la descripción de tu vida y tu negocio, luego actúa como si esas cosas fueran ciertas.

En todos los negocios, el éxito proviene de aumentar al máximo los activos mientras que se reducen o se eliminan los pasivos. Para lograr el éxito de Tú, S.A., es necesario que hagas lo mismo. Una vez que lo hayas hecho, estarás listo para continuar con el sistema que te ayudará a acelerar tus ganancias y tu satisfacción de modo exponencial.

## ◇ Sistema #2: El identificador de talentos y el edificador de puntos fuertes

Por los últimos diez años, la Gallup Organization ha estado recopilando datos sobre la satisfacción en el trabajo y lo que ellos denominan «participación de los empleados», es decir, qué tan positivas y productivas son las personas en el trabajo. Gallup encuestó a más de diez millones de personas en todo el mundo y descubrió que apenas una tercera parte estaba muy de acuerdo con la afirmación: «En el trabajo, tengo la oportunidad de hacer lo que mejor hago todos los días». Gallup también descubrió que las personas que tienen la oportunidad de desempeñarse en lo que mejor hacen tienen una probabilidad seis veces mayor de estar participando animadamente con su trabajo. Tus activos principales no sólo son la experiencia, los recursos mentales y los recursos físicos, sino también los que constituyen tus talentos y tus puntos fuertes. Cuando el trabajo te permite utilizar tus talentos y tus puntos fuertes, es más probable que te vaya bien con él y que estés bien remunerado, en vez de mal pagado. Debes hacer tu mejor esfuerzo por optimizar los talentos exclusivos que llevas al trabajo para que disfrutes del mismo a un nivel más alto.

¿Recuerdas la fórmula que compone a las grandes empresas que describí en la página 119? Primero, *hacen lo que disfrutan*. Aprendiste a identificar lo que disfrutas cuando creaste la visión de tu trabajo ideal. En segundo lugar, *hacen lo que saben bien*. Se enfocan en trabajos y segmentos del mercado en los que pueden utilizar sus puntos fuertes. Las grandes empresas no tratan de serlo todo para todos. Si lo intentaran, correrían el riesgo de diluir su mensaje y perder posición en el mercado. Starbucks Coffee aprendió esa lección cuando intentó ofrecer emparedados calientes para desayuno y otros artículos que caían fuera de su enfoque inicial de café y otras bebidas afines. Su posición en el mercado se vio perjudicada y los ingresos se estancaron. El director ejecutivo de Starbucks, Howard Schultz, declaró: «Estamos volviendo a lo que sabemos hacer mejor: entregar el mejor café del mundo, servido por los empleados más conocedores». Tú también debes enfocarte en desarrollar tus puntos fuertes y dejar que te guíen hacia dónde y cómo utilizar tus energías.

También te es preciso identificar tus debilidades: las cosas que por naturaleza no haces bien. *Nadie* es fuerte en todo. Es mejor dedicar tiempo y energía a desarrollar tus puntos fuertes que tratar de hacer bien algo en lo cual eres débil. Por ejemplo, si no eres fuerte en las finanzas, puedes estudiar contabilidad, pero quizás no lo disfrutarás ni lo harás bien. Es mejor ser verdaderamente fuerte en algunas cosas que ser mediocre en todas. El mundo recompensa lo excelente mucho más que lo bueno, e intentar ser un hombre (o mujer) orquesta es ir camino a la mediocridad. Tu meta es enfocarte en desarrollar tus puntos fuertes, a la vez que eliminas o reduces tus áreas débiles.

Según Tom Rath (líder de investigaciones de lugares de trabajo y consultor de liderazgo de la Gallup y autor de *StrengthsFinder 2.0*

[Localizador de fuerzas 2.0]), el *talento* (una forma natural de pensar, sentir o conducirse) multiplicado por la *inversión* (tiempo dedicado a practicar y desarrollar las habilidades y a edificar tu base de conocimientos) equivale a la *fuerza* (la habilidad de brindar un desempeño casi perfecto). Y las fuerzas, debidamente aplicadas, pueden conducir a un trabajo significativo y bien remunerado. Para descubrir tus propias fuerzas y talentos, puedes hacerte las preguntas que menciono a continuación, las cuales utilizo en mi propio negocio. Han sido diseñadas para ayudarte a descubrir tus talentos y fortalezas mayores.

## Paso 1: Menciona tus talentos, dones y puntos fuertes

1. Menciona cinco cosas que haces mejor que la mayoría de tus conocidos. Pueden ser trabajos como contabilidad, enseñanza, diseño y otros, o pericia y habilidades como organizar, dirigir, cuidar de personas y otros. ¿Cuáles son tus cinco talentos, dones y puntos fuertes más importantes?

2. En una escala del 1 al 10 (donde 1 significa nada o nunca y 10 significa absolutamente mucho), ¿cuánto disfrutas de emplear cada uno de estos talentos, dones y puntos fuertes? Tal vez seas magnífico para organizar, pero detestas tener que hacerlo. Podrías tener talento para el dibujo pero carecer de pasión por él, y tener una habilidad más limitada como orador, pero encantarte estar delante de otras personas. Llegarás mucho más lejos si utilizas el talento que disfrutas más que uno que no te importa mucho. Recuerda, la fuerza resulta de la combinación del talento o las habilidades, a lo cual se suma cuánto los disfrutas y tu inversión en ellos. Clasifica cada uno de los cinco elementos en tu escala de «disfrute». Tus dos talentos, dones y puntos fuertes superiores son aquellos en los cuales te enfocarás para realzarlos y edificarlos.

# Aclarador de
# dones especiales

| Menciona 5 cosas que piensas que haces mejor que la mayoría de los demás |
|---|
| 1 |
| 2 |
| 3 |
| 4 |
| 5 |

| De las 5 cosas que escribiste, escoge 1 ó 2 que piensas que son únicas en tu persona |
|---|
| 1 |
| 2 |

## Paso 2: Realza tus talentos, dones y puntos fuertes

Para convertirlo en un punto fuerte, todo talento, don o habilidad que poseas requerirá una inversión de tu parte. Podrás ser un gran diseñador, pero necesitas capacitación y práctica antes de que puedas vender esa capacidad a otros. Para convertir tus habilidades innatas en puntos fuertes, debes estar preparado para invertir tiempo, y posiblemente dinero, en desarrollarlas. Utiliza el formulario identificador de herramientas de desempeño en la página 137 para conseguir la información siguiente.

1. Escribe uno de los dos principales talentos, dones y puntos fuertes que identificaste previamente. Escribe debajo no menos de cuatro maneras en las cuales puedes aumentar tu capacidad con este talento. Por ejemplo, puedes tener un don para hablarles a grupos. ¿Cómo podrías mejorarlo? Podrías contratar a un asesor. Podrías unirte a Toastmasters y dar discursos cada semana. Podrías ofrecer dar discursos sin cargo alguno a entidades sin fines de lucro. Podrías asistir a presentaciones de otros oradores para aprender de ellos. Podrías convertirte en experto de un aspecto de la oratoria a la vez: el contacto visual con la audiencia, los ademanes o la modulación de la voz. Quizás seas administrador y disfrutas desarrollando a otros miembros de tu departamento. Podrías tomar cursos de psicología, recursos humanos o formación de equipos. Podrías estudiar cómo emplear el idioma para dirigir a otros con mayor eficacia. Podrías enseñar a otros cómo formar mejores equipos. (Algunas veces la mejor manera de aprender a hacer algo excelente es compartirlo con otros.) Podrías imitar el ejemplo de otros ejecutivos de tu empresa. Podrías recibir dirección de tus colegas en la administración.

En una escala del 1 al 10 (en la que 1 corresponde a poco y 10 a lo máximo), evalúa cuánto se realzaría tu talento o habilidad por cada una de las maneras que escribiste.

2. Junto a cada realzador de desempeño, escribe la inversión que se necesitará para establecerlo. Todos los realzadores requieren inversión de tiempo, dinero o ambas cosas. Tomar un curso puede significar una inversión de tiempo, una noche por semana, por doce semanas, junto con una inversión de mil dólares. La formación de un equipo de colegas asesores podría requerir una inversión de tiempo de una mañana por mes, además de pagarle el desayuno a tus colegas.

3. Ahora, escribe cuánto tiempo te tomaría establecer este realzador de tu desempeño. Tal vez puedas programar un almuerzo con una persona que consideras como ejemplo para la semana próxima, mientras que te tomaría más tiempo hallar capacitación adecuada para aumentar tus habilidades de líder.

4. Basándote en los cuatro factores (a) eficacia, (b) inversión de tiempo, (c) inversión financiera y (d) lo apremiante, escoge los dos realzadores que brindarán el aumento más grande a tu talento o habilidad. Asegúrate de que un realzador sea algo que puedas establecer de inmediato y que otro sea algo que tome más tiempo pero que tenga el potencial de ser sumamente eficaz. Crea un plan de acción con cada realzador.

## Paso 3: Reduce, delega o elimina tus debilidades

La mayoría de nosotros pensamos que tenemos que resolver nuestras debilidades primero, porque es en ellas que necesitamos crecer más. Pero como ya dije, nuestro crecimiento mayor proviene de nuestros puntos fuertes, no de nuestras debilidades. Esto nos

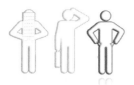

# Identificador de herramientas de desempeño

Don especial:

| Menciona herramientas que realzan tu don especial | | |
|---|---|---|
| Realzador de desempeño | Inversión financiera | Inversión de tiempo |
| 1 | | |
| 2 | | |
| 3 | | |
| 4 | | |
| De los 4 realzadores que mencionaste, escoge los 2 que más aumentaría tu talento o habilidad | | |
| 1 | | |
| 2 | | |

regresa al principio 80/20: enfoca la mayoría de tus esfuerzos en aquel veinte por ciento que producirá los mayores resultados —tus puntos fuertes—, en lugar de hacerlo en las debilidades que te darán muy poca utilidad sobre tu inversión.

No estoy diciendo que podemos ignorar nuestras debilidades. Si no eres bueno con los números, pero tu trabajo involucra la elaboración de presupuestos anuales, igual te toca cumplir con tu responsabilidad. Si no eres un escritor sobresaliente pero eres administrador de un equipo de ventas, igual tendrás que expresarte con claridad por medio de memorandos, email, informes y cosas parecidas. Nadie es sobresaliente en todos los aspectos de su trabajo o profesión. No obstante, en lugar de invertir una gran cantidad de tiempo, esfuerzo y frustración tratando de ser excelente en uno de tus puntos débiles, podrías buscar maneras de enfrentarlos con elegancia. Tu meta es poner un ochenta por ciento de tus esfuerzos en tus puntos fuertes, y dedicar un veinte por ciento a lidiar con tus debilidades. El ejercicio dado a continuación te ayudará a empezar:

1. Escribe siete tareas que no desempeñes bien o que detestas hacer en tu vida profesional y personal. Basándote en esta lista, ¿cuáles son tus debilidades? Admítelas con orgullo. Todos las tenemos y reconocer eso puede ser algo liberador. Escribe tus debilidades en una hoja de papel aparte.

2. Para cada debilidad, hazte la pregunta: «¿Cómo puedo reducir al mínimo su impacto?» Hay tres maneras de tratar con las debilidades. Primero, puedes *reducirlas* mejorando aunque sea un poquito. Si estás preparando presupuestos, tal vez podrías pedirle a alguien que los revise contigo para que empieces a sentirte más cómodo con ellos. Si no eres un buen escritor,

podrías tomar un curso básico de redacción para negocios o pedirle a alguien que edite tus informes después de que los hayas redactado. La meta no es llegar a ser excelente en tus debilidades, pues sólo tienes que ser «pasable». (Por otro lado, la meta con tus puntos fuertes es llegar a ser excelente y no tan sólo bueno.)

En segundo lugar, puedes *delegar* las tareas en las cuales eres débil. Lo que es un punto fuerte para ti será una debilidad para otros y viceversa. Encuentra (o contrata) a individuos cuyos puntos fuertes complementen tus debilidades y encárgales las tareas que detestas. Recuerda, sin embargo, que delegar no significa abdicar. En última instancia eres responsable de los resultados finales que tu trabajo exige, sin importar si caen en tus áreas fuertes o débiles. Si delegas la función de preparar los presupuestos de tu trabajo, por ejemplo, deberás establecer las pautas para la persona que se encargue de ello, revisar las cifras y las suposiciones del presupuesto y estar dispuesto a aprobar el producto final. También recomiendo que, cuando delegues, le des crédito al que lo merezca. Permite que otras personas resplandezcan haciendo lo que mejor saben hacer y haz tú lo mismo.

En tercer lugar, puedes determinar las maneras de *eliminar* esas tareas que recaen en tus áreas débiles. Si los números no son tu fuerte, ¿puedes encargar los detalles del presupuesto a un colega mientras que tú revisas las recomendaciones finales? Si detestas redactar, ¿puedes cambiar el informe de ventas escrito de cada semana por una llamada al jefe, seguida de un email que detalle las cifras? En lugar de tratar de hacer el trabajo tú solo, puedes involucrar a un equipo de personas capaces de expresar sus dones particulares en su trabajo, lo cual les dará a ellos más satisfacción y a ti te brindará un equipo de mayor rendimiento.

3.  Repasa las siete tareas que detestas o que no efectúas bien. ¿Cuáles de ellas puedes reducir, delegar o eliminar? Idea formas creativas en las cuales puedas reducir el esfuerzo que dedicas a esas tareas.

4.  Finalmente, también tienes que estar dispuesto a dejar algunas cosas. A veces nos aferramos a algunas tareas porque son parte de lo que consideramos como nuestras funciones, aunque realmente somos muy malos para esas cosas. Conozco maridos que insisten en encargarse de las finanzas de la familia, aun cuando sus esposas son mejores en el manejo del dinero, o jefes que dirigen reuniones de ventas cuando en realidad están más cómodos con cifras que con gente. Recuerda que la grandeza no consiste en ser bueno en todo, sino en destacarse en unas cuantas cosas y permitir que otros se destaquen en otras. Disponte a reconocer tus puntos fuertes y débiles, y suelta aquellas partes de tu trabajo en las cuales nunca serás más que mediocre.

Piensa en lo libre que te sentirás cuando esas tareas ya no pesen sobre tus hombros, ¡o lo mucho que disfrutarías de tu trabajo si pasaras un ochenta por ciento de tu tiempo enfocado en aquellas cosas que haces bien, en lugar de las que no! Uno de los componentes más importantes de sentirse feliz en el trabajo es la oportunidad de aprovechar tus puntos fuertes.

## ◇ Sistema #3: El acelerador de oportunidades de ingresos

Aun si estás utilizando tus puntos fuertes y creando resultados sobresalientes en un trabajo que tiene significado para ti, sigue siendo posible que no se te remunere al nivel que deseas y mereces.

Si esto es cierto, entonces deberás *aumentar tus ingresos*. Ciertamente, pedir un aumento de sueldo o hallar un trabajo que pague más puede colocarte más dinero en los bolsillos. Recortar tus gastos también puede ayudar. Pero este es el verdadero secreto para aumentar tus ingresos, ya sea que te quedes en tu trabajo actual o busques uno nuevo: para aumentar tus ingresos, *es necesario que aumentes el valor de lo que haces*.

Suponte que estás ganando 25,000 dólares y trabajas cuarenta horas a la semana. Si deseas ganar 50,000 dólares por desempeñar el mismo trabajo, tendrías que trabajar ochenta horas; para ganar 100,000 tendrías que trabajar 160 horas, ¡y la semana tiene apenas 168! Pero ¿quién quiere trabajar ochenta o cien horas a la semana? Aunque fuera posible, uno no puede mantener ese ritmo. Pero, ¿no hay personas que ganan 50,000 o 100,000 dólares al año y que trabajan menos de cuarenta horas por semana? Por supuesto que sí. Eso se debe a que el *valor* que brindan en el trabajo se percibe como merecedor de un salario más alto. Si realmente deseas aumentar tus ingresos, deberás enfocarte en desarrollar maneras específicas de proporcionar un valor más alto a tu trabajo.

El valor es tanto objetivo como subjetivo. Es objetivo en términos de la complejidad de tu trabajo, del grado de capacitación o educación que se requiera para llevarlo a cabo, de la cantidad de trabajo realizado, etc. El valor de un médico dedicado a la medicina interna es muy alto comparado con el de un auxiliar de enfermería, por ejemplo, pero es menor que el de los especialistas como: cirujanos, oncólogos y otros. Pero, el valor es subjetivo cuando se trata de *cómo* se desempeña un trabajo en particular. Si aquel médico dedicado a medicina interna realmente hace bien su trabajo, entonces podrá cobrar honorarios más altos, tendrá una mayor cantidad de referencias, tendrá una base de pacientes más numerosa, posiblemente podrá trabajar en una clínica u hospital más prestigioso, etc. La parte subjetiva de su valor tiene que ver con la manera que utilice sus puntos fuertes en su trabajo.

Cuando se trate de aumentar tus ingresos, es necesario que descubras maneras objetivas y subjetivas en las cuales puedas añadir valor. Para hacerlo, empieza con tus puntos fuertes.

### Paso 1: El realzador del valor personal

1. Toma la lista de puntos fuertes que desarrollaste en el ejercicio de la página 134 y escribe cada uno de ellos en el formulario del realzador del valor personal en la página 143.

2. Piensa en todas las formas en las que podrías usar cada uno de tus puntos fuertes para añadir valor a tu trabajo actual. Si tienes talento para el diseño gráfico, ¿podrías crear un boletín de la empresa o un nuevo artículo de mercadeo? Si eres un agente de ventas que realmente tiene talento para las presentaciones, ¿podrías dirigir a otros o desarrollar un nuevo libreto para las llamadas de ventas? Medita en tantas maneras como puedas para aumentar el valor de lo que haces en tu posición actual, tu trabajo o tu empresa.

3. Escribe todas las formas en las que podrías usar este punto fuerte para añadir valor a lo que haces fuera de tu empleo actual. Si eres un presentador excepcional, ¿podrías desarrollar un curso de capacitación de ventas? Si sobresales en sistemas, ¿podrías ser un organizador profesional? Para casi cualquier cosa que hagas bien, habrá alguien dispuesto a pagarte para que les enseñes a hacerlo o que lo hagas por ellos. Piensa en todas las maneras en las cuales podrías añadir valor a lo que haces fuera de tu negocio actual y ganar más dinero en el proceso.

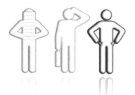

# Realzador de valor personal

$25K – 40 horas

$50K – ___horas

$100K – ___horas

| Escribe 5 cosas que puedes hacer para ser más valioso |
|---|
| 1 |
| 2 |
| 3 |
| 4 |
| 5 |

Muchas de las personas que acuden a mí buscando planificación financiera están encantadas con sus trabajos actuales, pero no ven la forma de aumentar sus ingresos. «Soy maestro», o «Soy una trabajadora social», me dicen. «Realmente me encanta lo que hago, pero no hay forma de ganar más dinero aunque aumente el valor de lo que hago en mi trabajo actual». Pero siempre hay una manera de descubrir nuevas avenidas para generar ingresos. Uno sólo tiene que estar dispuesto a hallar valor en lugares nuevos e inesperados.

Suponte que me encanta la carpintería, y que un amigo mío y yo decidimos meternos al negocio de fabricar escritorios y gabinetes a pedido. Yo corto la madera y mi amigo une las piezas. Un día mi esposa, Angie, decide ayudarnos barriendo las cascarillas de madera, el aserrín y los desechos. De repente ella nos dice: «Si le añadiéramos agua y pegamento a las cascarillas de madera, podríamos fabricar piezas de madera prensada». Una de las empresas fabricantes de muebles más grandes del mundo, IKEA, creó todo un negocio basado en muebles económicos fabricados con madera prensada. Ellos hallaron valor en lo que otros consideraban desperdicio.

No hace mucho un cliente mío, un profesor, me dijo que estaba dejando la universidad para tomar un trabajo como consultor.

—Capacito maestros y me encanta hacerlo, pero no gano suficiente dinero para mantener a mi familia como me gustaría —me dijo.

—Tal vez haya una forma en la cual puedes aprovechar tus puntos fuertes para generar más ingresos —le dije—. ¿Hay algo que enseñes que nadie más lo haga y que pudieras escribirlo en un libro?

—¡Sí! —respondió de inmediato—. Y tengo estudiantes de postgrado que podrían ayudarme con la investigación.

Hoy, cinco años después, recibe un buen monto en regalías del libro y del programa de capacitación que desarrolló. Todavía hace lo que le agrada, enseña a los maestros, porque halló una forma creativa de añadir valor.

¿Qué puedes hacer para aumentar tus ingresos, realizando lo que ya sabes hacer bien y disfrutas? Casi cualquier cosa puede tornarse en una oportunidad para ganar dinero. Pasatiempos, habilidades, puntos fuertes, experiencia laboral pueden ser la base de un nuevo torrente de ingresos. ¿Cuál es tu «madera prensada»? Es decir, el valor que puedes crear usando las «cascarillas de madera» de tus talentos? ¿Eres un buen cocinero que podría vender recetas por la Internet? ¿Eres experto en computadoras que sabe cómo configurar redes inalámbricas en casas? ¿Eres un corredor de larga distancia que podría entrenar a otros corredores? ¿Eres un maestro de matemáticas que podría ofrecer clases a muchachos de escuela secundaria sobre el manejo del dinero? ¿Qué productos podrías crear usando tus conocimientos, experiencia o puntos fuertes? Hoy día los productos a base de información son fáciles de crear. ¿Cuántas formas diferentes puedes idear para aumentar tus ingresos?

## Paso 2: El filtro de las oportunidades de ingresos

Algunas personas se paralizan si enfrentan oportunidades múltiples. El filtro de las oportunidades de ingresos te asegurará que las oportunidades que busques sean las que con más probabilidad te rendirán los ingresos que deseas y que encajen con tu visión, valores, puntos fuertes y metas.

1. Escribe en la parte superior de la página la cantidad que deseas añadir a tus ingresos anuales actuales. Sé realista: si en la

actualidad ganas 40,000 dólares y deseas añadir un millón, eso sería un cambio bastante abrupto. Sin embargo, doblar tus ingresos a 80,000 dólares podría ser algo que puedes lograr si aumentas lo que ganas en el trabajo y añades otra oportunidad fuera de tu trabajo actual.

2. Haz una lista de tus tres mejores oportunidades nuevas de la lista que preparaste como parte del ejercicio de la página 148. Utiliza los cuatro criterios que te doy a continuación para evaluar cada oportunidad y clasificarla como –1 (reduce valor), +1 (añade valor) o 0 (sin efecto alguno).

a. *Visión:* ¿Cómo contribuye o perjudica esta oportunidad a la visión de Tú, S.A.?

b. *Valores:* ¿Es congruente esta oportunidad con los valores que describiste como parte de tu plano de vida? Si tu familia es tu primer valor y esta oportunidad exigirá que trabajes los fines de semana, entonces deberías clasificarla como –1. Si te permitiera trabajar desde casa, la clasificarías como +1.

c. *Recompensa financiera:* ¿Cuánto contribuirá esta oportunidad hacia la meta financiera que escribiste? ¿Será la inversión inicial tan alta que esta oportunidad no recuperará sus costos por varios años? ¿Justifica la recompensa financiera el esfuerzo que deberás dedicar a esta oportunidad?

d. *Puntos fuertes:* ¿Se utilizan tus puntos fuertes en esta oportunidad? ¿Será algo que disfrutas al hacerlo? Algunas veces podemos poseer conocimientos en algo, pero no disfrutarlo lo suficiente para buscar una oportunidad en ello. Podría gustarte el arte, pero detestar la idea de darles clases de arte a algunos niños. Sin embargo, podría encantarte la idea de diseñar y vender tu propia línea de tarjetas de felicitación.

3. Suma el puntaje total de cada oportunidad y decide el puntaje mínimo que aceptarás para buscar una oportunidad. ¿Necesitas que tenga un +1 en todas las áreas, o en la mayoría? Escribe tus conclusiones sobre cada una de las oportunidades. ¿Es esto algo en cuanto a lo cual deseas actuar de inmediato? ¿Necesitas obtener más información? ¿Necesitas un socio que te ayude? ¿Sería mejor guardar esta oportunidad para otro momento? Si ninguna de estas oportunidades satisface tus criterios, ¿qué cosas tendrían que cambiar para que se tornaran en algo que quisieras buscar? ¿Necesitas pensar en otras oportunidades que se ajusten mejor a tus necesidades? Tu meta es crear al menos una oportunidad adicional de ingresos que puedas buscar en este año.

4. Para la oportunidad que has escogido, escribe cuatro acciones que puedes emprender para empezar de inmediato. Podrías solicitar una licencia de negocios. Podrías crear un anuncio para un periódico local. Podrías hallar a un socio. Podrías escribir un esquema comercial (te recomiendo enfáticamente que este esquema sea la primera acción que lleves a cabo. Consulta mi libro *Microempresa, Megavida*, o acude a mi sitio web.) Podrías consultar con un profesional para recibir guía. Podrías salir a comprar provisiones. Podrías efectuar una prueba en tu mercado con un anuncio en la Internet.

Recuerda que estás escogiendo oportunidades de ingresos basándote en tus puntos fuertes: cosas que haces bien y que disfrutas hacer. Por lo tanto, si haces más de estas cosas, esto deberá realzar tu vida, no perjudicarla. También estas cosas deberán ayudarte a edificar sobre lo que ya haces bien, no llevarte en una dirección completamente diferente. Veo a mucha gente que trata de aumentar sus ingresos escogiendo algo que resulta cómodo, sin considerar

# El filtro de oportunidades de ingresos

## Filtro de oportunidades

$$$_____

| Oportunidad | Visión | Valores | Recompensa $ | Puntos fuertes | Total | Puntaje mínimo aceptable |
|---|---|---|---|---|---|---|
| A | | | | | | |
| B | | | | | | |
| C | | | | | | |
| Escala de puntaje | +1 | 0 | -1 | | | |

## Conclusiones

| | Decisiones sobre esta oportunidad |
|---|---|
| A | ☐ Si ☐ No |
| B | ☐ Si ☐ No |
| C | ☐ Si ☐ No |

## Acciones que necesitan tomarse de inmediato

| 1 | 3 |
|---|---|
| 2 | 4 |

si aprovecha sus habilidades o no. Esa es la trampa del mercadeo a niveles múltiples. A las personas les encanta la idea de un negocio realizado desde casa que pueden hacer «como extra», pero no evalúan si tienen los puntos fuertes que ese tipo de negocio requiere: pericia en las comunicaciones y las ventas, capacidad de automotivarse, habilidad para las finanzas y otros. Debes utilizar tus puntos fuertes como filtro para escoger tus oportunidades. Cuando lo hagas, será más probable que tengas éxito en crear los ingresos que deseas mientras que disfrutas del trabajo que haces.

Finalmente, es mejor escoger una oportunidad y tener éxito en ella mientras disfrutas tu vida, que tratar de iniciar dos negocios y dejar el resto de tu vida de lado. La idea no es crear más trabajo y agobio tan sólo para aumentar tus ingresos. Recuerda que hay otras maneras que sirven para eliminar la sensación de estar mal pagado. Puedes añadir valor a lo que haces en tu trabajo actual y recibir un mayor salario por ello. Puedes recortar tus gastos y vivir conforme a tus medios. Puedes cambiar las condiciones de tu trabajo actual reduciendo o eliminando el tiempo extra no pagado, consiguiendo ayuda con tu trabajo o hallando maneras para aprovechar más de tus puntos fuertes y menos de tus debilidades. Todas esas cosas te ayudarán a dejar atrás la sensación de que estás mal pagado, y te llevarán de modo más pleno a una vida en la cual sientas que te pagan bien y disfrutas del éxito a causa del valor que has dado y recibido.

# CAPÍTULO CINCO

# Del estrés al éxito: El don de dar

Imagínate que sales de tu lugar de trabajo al final de la jornada. Has estado ocupado, pero has dedicado tus esfuerzos a los proyectos y tareas que marcarán la diferencia más grande y que utilizan tus talentos al máximo. Has trabajado con otros que están empleando talentos que complementan a los tuyos, y tu equipo ha logrado más de lo que cualquiera de sus miembros hubiera logrado por sí solo. Tu trabajo te ha llevado hasta tus límites, pero no te ha causado estrés. Sientes que has contribuido a una causa mayor, ya sea la terminación de un proyecto, el apoyo de tu equipo, tu éxito personal o el de tu familia, empresa, organización o comunidad. Sientes que te aprecian y estás bien remunerado y puedes anticipar una mayor remuneración en el futuro debido al valor que estás aportando.

También puedes dejar tu labor en tu lugar de trabajo, en vez de llevártelo a casa. Dedicas tiempo a tu familia, relaciones y actividades que disfrutas, sabiendo que te hacen sentir tan adinerado, por no decir que el que más, que el dinero que devengas en tu empleo. Tu trabajo es parte de lo que eres, pero no es toda tu vida. Vives según tus valores y te enfocas en las áreas importantes de tu vida, cumpliendo tus funciones y alimentando las relaciones que forman parte de tu plano de vida. Al igual que los demás, tienes que hacer malabarismos con el tiempo y la energía que dedicas a los diferentes aspectos de tu vida, pero en general te sientes feliz con lo que logras. Tus días en que te sientes habitualmente agotado, agobiado y mal pagado se han reducido, si no es que se han esfumado. En vez de sentir estrés, tienes esperanza y posibilidades. Buscas soluciones en lugar de dejarte atrapar por los problemas. Estás en el camino del estrés al éxito.

Si nuestra definición de éxito está vinculada a cierto nivel de ingresos, a una posición determinada o a un estilo de vida particular, simplemente se refiere a una receta para sentirse agotado, agobiado y mal pagado. Por otro lado, si nuestra definición de éxito es una vida bien vivida y compartida con otros, es más probable que disfrutes de la jornada de tu vida, en lugar de sentir estrés por ella. Creo que el éxito consiste en *una vida llena de suficiente dinero, tiempo, amor y salud para disfrutarla y compartirla con otros.* El éxito significa ser rico en todo lo que importa: recursos interiores como el amor, el valor, la compasión, la determinación y la integridad; riquezas de tiempo para las actividades que te interesan, un cuerpo y una mente saludables, relaciones satisfactorias con tus colegas y amigos, un entorno hogareño que te brinde apoyo, una conexión espiritual con algo mayor que tú, hacer aportes valiosos no sólo a tus seres queridos, sino también a los menos afortunados.

Dos soluciones que inevitablemente conducen a un mayor éxito son el *propósito* y las *posibilidades*. Cuando vives una vida con propósito, una en la que sabes quién eres y por qué estás aquí, es más fácil mantenerte enfocado en lo que realmente importa; y no permites que las «cosas» de la vida diaria te atrapen. También resulta más fácil ver las posibilidades que te rodean en todo momento. Si te sientes agotado, agobiado y mal pagado, puedes quedar ciego a las otras opciones que existen en casi cualquier circunstancia. Piensas que estás atrapado y lo estás, sencillamente porque tus emociones han obstaculizado tu visión. Pero cuando logres apartarte de esos sentimientos, empleando las soluciones, sistemas y pasos que has aprendido en este libro, descubrirás que tienes un mundo de posibilidades a tu disposición que nunca habías visto o que no pensabas que era posible intentarlas.

> Piensas que estás atrapado y lo estás, sencillamente porque tus emociones han obstaculizado tu visión.

Forjar el éxito a través del propósito y las posibilidades se desprende de cinco elementos. Primero, todo lo que haces debe colocarse en el contexto del *propósito de tu vida*, que es la razón por la cual naciste y lo que guía los logros de tu existencia. Segundo, tus esfuerzos deben ir apuntalados por un *fundamento personal* fuerte que te apoye en los momentos difíciles. Tercero, deberás *evaluar tu vida* periódicamente, y dejar tu comodidad para continuar creciendo y expandiéndote. Cuarto, deberás incorporar la *gratitud* y la *generosidad* a tu vida. Finalmente, deberás forjar un *legado* que tenga significado para ti y para los demás. Con estos cinco elementos, descubrirás que podrás enfrentar los desafíos inevitables que trae la vida, y experimentarás el éxito y la satisfacción que deseas.

## Declara el propósito de tu vida

¿Quién eres? ¿Por qué estás aquí? ¿Para qué has nacido? Es muy fácil perder de vista las grandes preguntas por las ocupaciones de la vida cotidiana. Pero si desconoces tu propósito, tus esfuerzos no son *nada más* que ocupaciones, y desperdiciarás la oportunidad de hacer que tu vida tenga significado. Declarar tu propósito te da un destino que hará que cada paso de tu jornada en la vida sea más significativo e intencionado. También te ayudará a volver al camino si llegaras a extraviarte en las demandas urgentes pero inconsecuentes de la vida.

Tu propósito puede ser algo muy íntimo o muy grande. Puede consistir en ser un padre excelente, el mejor carpintero que el mundo haya conocido o inspirar a millones con tu ejemplo. Tu propósito puede ser darle una vida feliz a tu familia o servir como mentor a otros para que alcancen su nivel más alto. Tu verdadero propósito tiene tres elementos. Primero, debe *entusiasmarte*. Deberá llenarte de energía por las mañanas y deberás sentirte magnífico por haberlo cumplido cuando te acuestas por las noches. En segundo lugar, deberá *sentirse conforme a tu ser interior*. Algunas personas tratan de crear una versión «políticamente correcta» de su propósito («Quiero salvar al mundo») o viven un propósito que su padre o mentor ha deseado para ellas, en lugar del que realmente les corresponde. Tu propósito deberá representar lo que es verdadero en tu corazón. En tercer lugar, deberá ser *algo en lo que puedas trabajar la mayor parte de tu vida*. Ser un padre de familia excelente es un propósito que perdura mientras tengas hijos. Ser el mejor en la profesión que hayas escogido podría ser una parte del propósito mayor de desarrollar tus habilidades y pericia hasta su máxima expresión y emplearlas para beneficio del mundo. Tu propósito deberá guiar la jornada de tu vida y deberás usarlo para evaluar tus esfuerzos.

Ya podrías tener una idea de tu propósito. Puedes emplear el proceso siguiente y el formulario del trío de propósitos personales en la página 157 para captar tus pensamientos.

1. Busca un lugar tranquilo y reflexiona sobre tu vida hasta ese momento. ¿Cuáles son los temas principales de tu vida? ¿En qué te has enfocado? ¿Qué hacías cuando te sentiste más satisfecho y «metido en tu propósito»? ¿Cuáles eventos considerarías como los puntos sobresalientes de tu vida hasta ahora? Escribe tus respuestas.

2. Observa tus notas. ¿Cuáles aspectos sobresalen como los más importantes? ¿Ser el mejor? ¿Marcar una diferencia? ¿Aprender y crecer? ¿Ayudar a otros? ¿Forjar una familia magnífica? ¿Servir como ejemplo para otros? ¿Averiguar cómo funcionan las cosas y crear sistemas? ¿Sobrepasar tus límites? Escribe todo lo que pueda formar parte de tu propósito.

3. Ahora, hazte la pregunta: «Si alguien me preguntara: ¿Cuál es el propósito de tu vida? ¿Qué le respondería?» Empieza a escribir lo primero que se te ocurra. Puede ser algo sencillo y breve o largo y detallado. No te censures. Sencillamente escribe hasta terminar.

4. Trata de resumir tu propósito en una o dos oraciones. Imagínate que estás creando un epitafio que será esculpido en tu lápida. Si fuera un reflejo de tu propósito en la vida, ¿qué diría? Escribe tu propósito en medio del trío de propósitos personales.

5. Junto a los costados del trío de propósitos personales verás tres renglones para escribir las cualidades o emociones que te

ayudarán a cumplir tu propósito. ¿Cuáles palabras describen quién eres y qué es lo que quieres hacer? ¿Cuáles cualidades o emociones debieras personificar? Si tu propósito es ser el mejor, ¿te ayudaría tener determinación y valentía? Si deseas ser un padre magnífico, ¿necesitarás amor y paciencia? Si quieres inspirar a otros, ¿qué tal tener visión, pasión o claridad? Mis tres palabras son *instruye, inspira* e *impacta*. Resumen mi propósito y me recuerdan cómo lo lograré. Prepara tu propia lista de cualidades o emociones que te ayudarán a cumplir tu propósito y escríbelas bajo el trío. Después escoge las tres más importantes y escríbelas a un lado del trío.

Cuando te sientes agotado, agobiado y mal pagado, usualmente se debe a que estás (1) demasiado enfocado en tu carrera, o (2) siendo halado en direcciones diferentes por las demandas de tu vida. Estos dos problemas usualmente surgen cuando tienes dudas en cuanto a tu propósito final. Por otro lado, cuando sabes por qué estás aquí, cuando te declaras a ti mismo y al mundo que tienes un propósito y emprendes acciones para convertirlo en realidad, entonces es más probable que pongas tu enfoque en lo que te dará la satisfacción más grande a largo plazo. Los seres humanos hacen más y crean mayores resultados cuando saben por qué trabajan. Los soldados dedicados dicen: «Sabemos por qué estamos peleando». Las madres dicen: «Sé que lo que hago ayudará a mis hijos». Los médicos dicen: «Mi vida está dedicada a ayudar a mis pacientes». Tener propósito puede ayudarte a ti también a crear un impulso y dirección para tu vida aclarando lo importante. Te señalará las tareas, decisiones y alternativas que marcarán la diferencia más grande. En última instancia, tu propósito te ayudará a examinar tu vida y sentir que lo que has logrado valió la pena.

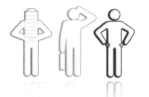

# Trío de propósitos personales

Escribe 3 palabras que describen la esencia de quién eres o quién quieres ser

Mi
propósito
en la vida
es:

# Tu fundamento personal

Si te has sentido agotado, agobiado y mal pagado, sabes lo fácil que es desarrollar los hábitos que crean esos sentimientos y lo difícil que puede ser dejarlos. Conocer y vivir el propósito de tu vida te ayudará a avanzar y te dará un mayor enfoque. Pero es muy fácil permitir que las circunstancias te distraigan y se apoderen de tus días. Para experimentar el tipo de éxito y empuje que necesitas, es necesario que cumplas tu propósito, es necesario que desarrolles un fundamento personal fuerte.

Todo edificio tiene algún tipo de fundamento. El de tu casa sólo penetra unos cuantos metros bajo el suelo, pero el de un rascacielos necesita ser más fuerte y profundo para soportar el peso del edificio que tiene encima. De la misma manera, para edificar el tipo de vida que te dará los mayores niveles de éxito y satisfacción, deberás cerciorarte de que el fundamento de tu vida sea profundo y fuerte.

El fundamento personal incluye tu *carácter* y las *normas* que te exiges a ti mismo y a los demás, tu *moral* y tu *ética*. Año tras año forjas ese fundamento personal con lo que aprendiste de tu familia y de tu entorno, y con las decisiones que tomaste en casa, en el trabajo, contigo mismo y con los demás. Pocos de nosotros podemos describir con claridad los elementos de nuestro fundamento personal, sin embargo nuestro carácter, normas, moral y ética influyen en todo lo que hacemos. Al final, determinan *cómo* logramos el éxito. El fundamento personal nos sostiene durante los tiempos difíciles o se derrumba bajo nuestros pies.

Cada día o fortaleces tu fundamento o lo debilitas con las decisiones que tomas y las acciones que realizas. Vivir conforme a tu palabra fortalece tu fundamento; no cumplir con tus compromisos lo debilita. Fijarte normas de vida y vivir por ellas aun cuando resulte incómodo hacerlo fortalece tu fundamento; dejar las cosas pasar sin rectificarlas lo debilita. Brindar valor en el trabajo o a tu familia lo fortalece; hacer lo mínimo aceptable lo debilita. Si bien fortalecerlo no es algo particularmente complicado, pocas veces resulta fácil. Sin embargo, tener un fundamento personal fuerte en última instancia hace que la vida sea menos complicada, ya que tendrás un juego claro de principios que guiarán tus decisiones.

Utiliza el ejercicio que te ofrezco a continuación para describir tu fundamento personal:

1. Menciona los aspectos más importantes de (a) tu carácter, (b) tus normas, (c) tu moral, y (d) tu ética. Bajo «Carácter», por ejemplo, podrías escribir: «Soy honrado», «Valoro a los demás», «Soy un buen amigo» o «Hago un esfuerzo adicional». Bajo «Normas», podrías escribir: «Hago mi mejor esfuerzo», «Trabajo duro», «Fijo límites claros para mí mismo» o «Espero que los demás sean honestos conmigo». Bajo «Moral», podrías escribir cosas tales como: «Creo en perdonar», «Nunca mentiría» y «Trata a los demás como te gustaría que te trataran». Bajo «Ética» podrías incluir: «Respeto los derechos de los demás», «Nunca robo» y «Cobro lo justo por el esfuerzo que rindo». Escribe tanto lo que harás como lo que nunca harías.

2. Escribe por lo menos cinco cosas que haces y que debilitan tu fundamento. ¿Tiendes a postergar las cosas? ¿Utilizas mentiras blancas para evadir situaciones incómodas? ¿Guardas resentimientos? ¿Hablas despectivamente de los demás? ¿Mientes en el trabajo o en tus relaciones? Es mejor sacar estas cosas a la luz que permitir que continúen socavando tu fundamento. ¿Cómo puedes evitarlas en el futuro?

# Excavador de fundamento personal

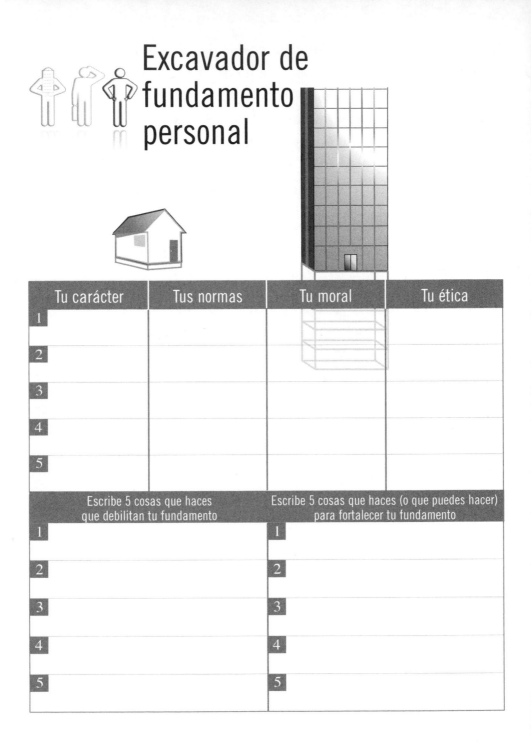

| Tu carácter | Tus normas | Tu moral | Tu ética |
|---|---|---|---|
| 1 | | | |
| 2 | | | |
| 3 | | | |
| 4 | | | |
| 5 | | | |

| Escribe 5 cosas que haces que debilitan tu fundamento | Escribe 5 cosas que haces (o que puedes hacer) para fortalecer tu fundamento |
|---|---|
| 1 | 1 |
| 2 | 2 |
| 3 | 3 |
| 4 | 4 |
| 5 | 5 |

**3.** Escribe por lo menos cinco cosas que haces (o que puedes hacer) para fortalecer tu fundamento. ¿Puedes hablar de modo más gentil con un compañero de trabajo? ¿Ser franco con tu amigo o tu cónyuge en cuanto a tus sentimientos? ¿Dejar de tomar atajos indebidos en el trabajo? ¿Pedir disculpas o perdonar? Comprométete a cumplir por lo menos una de esas cosas en la próxima semana y continúa buscando maneras de fortalecer tu fundamento.

El fundamento personal fuerte permite tomar responsabilidades más grandes y oportunidades mayores con más facilidad porque conoces tus propias reglas en cualquier circunstancia. Un buen fundamento proporciona el soporte inamovible y sólido sobre el cual edificar niveles aun más elevados de éxito.

## La evaluación de tu vida

¿Alguna vez has escalado un cerro elevado o una montaña? Caminas hacia arriba por mucho tiempo y pudiera parecer que no estás avanzando. Luego llegas a un punto que te permite mirar hacia abajo y te sorprende lo mucho que has ascendido. La vida es así, porque trabajamos en algo por mucho tiempo y no vemos mucho avance hasta que tomamos un momento para evaluar lo que hemos avanzado. Para realmente sentir los éxitos que estás forjando en tu vida, necesitas evaluar tu avance periódicamente.

La evaluación de tu vida se compone de tres partes. Primero, cada tres a seis meses es necesario que *revises cómo te sientes*. ¿Te sientes más satisfecho o menos? ¿Más feliz o igual? ¿Con más estrés o menos? ¿Qué cosas funcionan bien para ti? ¿En qué sigues enfrentando desafíos? ¿Qué sientes acerca de tus éxitos con los valores, áreas de enfoque de la vida, funciones y relaciones que describiste en tu plano de vida? ¿En qué es necesario que te enfoques más para sentirte más feliz aún?

Ahora seamos específicos. En una escala del 1 al 10, en la que 1 corresponde a nada y 10 a completamente, ¿cuánto sientes en la actualidad que estás agotado, agobiado y mal pagado? ¿Qué cosas han mejorado? ¿Qué cosas siguen iguales? ¿Qué cosas, si las hay, han empeorado? ¿Qué acciones necesitas emprender para enfrentar los sentimientos negativos restantes? Recuerda que sentirse agotado, agobiado y mal pagado es un proceso de estrés y desafíos acumulado. Dejar esos sentimientos atrás también será un proceso que incluye responder de modo diferente a los mismos desafíos y crear posibilidades novedosas a partir de tus nuevos recursos y reacciones. No te des de golpes si no has salido de tu embrollo todavía, sencillamente cambia lo que estás haciendo. Regresa y repasa los ejercicios que aparecen en este libro y vuelve a comprometerte a tomar las acciones que te ayudarán a reducir o eliminar esos sentimientos de tu vida.

En segundo lugar, deberás *revisar el progreso del propósito de tu vida.* ¿Qué has hecho para vivir tu propósito más plenamente? Dedica unos cuantos momentos a reconocer aun tus logros más pequeños. Los seres humanos somos buenos para derribarnos a nosotros mismos por las cosas que no hemos logrado, y somos muy malos para celebrar nuestros triunfos. Haz una lista de por lo menos diez maneras en las cuales estás cumpliendo el propósito de tu vida y una segunda lista de cinco cosas que te comprometes a hacer para vivir tu propósito aun más plenamente en los próximos tres meses. Durante tu siguiente evaluación de la vida, revisarás tu avance en estos cinco puntos, celebrarás tus triunfos y volverás a comprometerte con esos puntos o añadirás algunos nuevos a tu lista.

En tercer lugar, deberás *extenderte a ti mismo y dejar tu como-didad*. La mayoría de las personas se tornan agotadas, agobiadas y mal pagadas cuando sienten que las demandas que les imponen son mayores a lo que pueden soportar. Has aprendido muchas maneras en las cuales enfrentar las situaciones que crearon esas demandas, pero hay otra forma de enfrentarlas: ampliando tu área comodidad. Cuando los desafíos son mayores, *deberás* tornarte mayor también. Deberás sentirte cómodo con el nivel más elevado de demandas que se te imponga.

Es como ir al gimnasio. Si continúas ejercitándote con las mismos pesas de dos kilos, desarrollarás cierto nivel de condición física, pero no avanzarás más allá. Para aumentar tus músculos, será necesario que los esfuerces más allá de lo que te resulte cómodo. Hay que añadirle peso a tu programa de ejercicios. Al examinar tu propia vida, deberás identificar las áreas en las cuales te encuentras muy atorado con tu comodidad y necesitas añadirle «peso» a tu programa de ejercicios para aumentar tus resultados. Esto podría no ser muy agradable, especialmente al principio, pero al fin podrás lidiar con el peso adicional con facilidad.

Dejar tu comodidad es algo que puede manifestarse en muchas maneras diferentes. Una de las mejores maneras es buscando oportunidades que te hagan sentirte aprensivo. ¿Hay un proyecto en el trabajo para el cual te gustaría ofrecerte de voluntario, pero que te preocupa si podrás sacarlo adelante? ¿Hay alguna oportunidad de dar una charla en tu grupo de voluntarios o para liderar un equipo, y nunca has hecho una de esas cosas? ¿Hay alguien con quien te gustaría salir pero no te atreves a preguntarle por temor al rechazo? ¿Hay algún desafío físico, como una maratón, un fin de semana esquiando, cruzar rápidos en canoa o practicar paracaidismo, que te asuste y te entusiasme al mismo tiempo? Efectuar ese tipo de

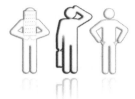

# Evaluación
# de la vida

| ¿Qué te parece tu vida? |
|---|
| (Repasa el resumen de tu Plano de vida) |
| |

| En una escala de 1 a 10, ¿cuánto sientes las cosas siguientes? |
|---|

**Agotado**

Nada                    Completamente

1   2   3   4   5   6   7   8   9   10

**Agobiado**

Nada                    Completamente

1   2   3   4   5   6   7   8   9   10

**Mal pagado**

Nada                    Completamente

1   2   3   4   5   6   7   8   9   10

| ¿Qué has hecho para vivir el propósito de tu vida más plenamente? |
|---|
| |

Agotado, agobiado y mal pagado

actividades extenderá el tamaño de tu sensación de comodidad más allá de sus límites actuales, y hallarás que ello casi siempre significa una vida más amplia y más feliz.

Escoge por lo menos una acción que realizarás en los próximos tres meses para dejar tu comodidad. La acción que escojas deberá generar por lo menos un poco de temor en ti, una sensación de que está más allá de tu capacidad actual. De ser posible, también deberá entusiasmarte cuando pienses en los resultados. Haz algo en los próximos dos días para poner eso en movimiento. (Cuando se trate de dejar tu comodidad, es mejor tratarlo como si fuera una inyección: cuanto más rápido empieces, menos será el temor y el dolor que sentirás.) Tres meses a partir de hoy, revisa tus resultados. ¿Cómo has crecido? ¿En quién te has convertido? ¿Qué nuevas formas de pensar, creer y actuar has desarrollado? ¿Cómo se han aumentado tus «músculos» internos? ¿Cuánto más eres capaz de enfrentar en la vida debido a que has ampliado tu comodidad? Así como cuando miras hacia abajo, desde la cima de un cerro, al lugar donde empezaste a escalar; podrías sorprenderte por lo mucho que has crecido.

## El verdadero secreto: Gratitud y generosidad para dar a los demás

Cuando estás agotado, agobiado y mal pagado tienes una perspectiva de carencia. No tienes tiempo suficiente, no tienes los recursos para manejar todo lo que tienes por hacer, no te pagan suficiente. Te enfocas en lo que no tienes suficiente, en lugar de apreciar cuánto ya disfrutas. Ese es el verdadero secreto del éxito y, al final, es el secreto para desterrar los sentimientos de ser agotado, agobiado y mal pagado de tu vida para siempre. Debes *sentirte agradecido por lo que tienes y dar de lo que tienes a otros.*

# Evaluación de la vida

Los pobres lo saben todo                    Los ricos lo aprenden todo

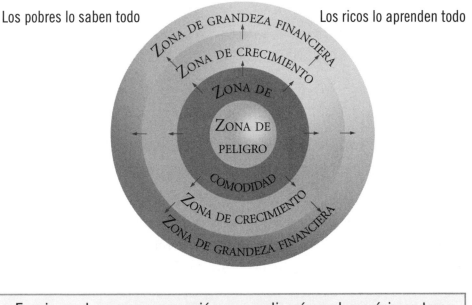

| Escoje por lo menos una acción que realizarás en los próximos tres meses para salirte de tu zona de comodidad |
|---|
|  |
| ¿Cómo has crecido? |
|  |

¿Alguna vez has sentido estrés mientras estás enfocado en un problema, y entonces viene uno de tus hijos y te da un abrazo? Si tomas un momento para apreciar ese gesto, ¿cuánto mejor te sentirías? Si te sientes agobiado por todos los emails en tu buzón de correos, y entre ellos lees un mensaje de ánimo de un amigo entrañable, ¿cuánto menos te molestan los demás mensajes? Si te preocupa el dinero y tu cónyuge hace arreglos para que la vecina cuide a los niños a fin de que puedan pasar la noche juntos en casa, ¿cuánto valor le das a la cita que no costó nada pero que significa tanto? A veces no podemos modificar nuestras circunstancias, pero *siempre* podemos cambiar la manera en que nos sentimos con el simple hecho de hallar algo por lo cual sentirnos agradecidos. La gratitud echa fuera al temor. También echa fuera la sensación de escasez que yace tras sentirse agotado, agobiado y mal pagado. Cuando empiezo a sentirme presionado o a sentir lástima de mí mismo, pienso: *Hombre, tengo un buen ingreso, una carrera estupenda, una esposa maravillosa, hijos excepcionales. Soy afortunado y bendecido. Tengo mucho de qué sentirme agradecido.* La gratitud y el aprecio son las manifestaciones más genuinas del éxito y la satisfacción.

A todos mis clientes les recomiendo que lleven un diario de gratitud. Cada día, semanalmente o por lo menos cada mes deberán escribir siete cosas por las cuales están agradecidos. Cada vez que repasen la lista, deberán preguntarse: «¿Por qué estoy agradecido por esto? ¿Qué ha traído a mi vida? ¿Qué clase de regalo ha sido para mí?» También les recomiendo que digan una oración o que expresen alguna acción de gracias a Dios por esos dones. Sentir gratitud activamente cada día enriquece la vida más que ninguna otra práctica. Te ayuda a apreciar lo que tienes y te capacita para recibir aun más.

La mayoría de las personas están de acuerdo en que cuando sienten gratitud, sienten más abundancia, y el paso que naturalmente sigue a esta sensación es dar a otros. Pero creo que el ciclo funciona en el sentido opuesto también. Cuando les damos a otros, sentimos más abundancia y experimentamos más gratitud. ¿Alguna vez has tenido unos pocos dólares en el bolsillo pero igual depositas uno de ellos en el plato de la ofrenda en la iglesia, o en una olla del Ejército de Salvación, o se lo regalas a un individuo sin techo? Estoy seguro de que el valor que recibiste por regalar ese dólar fue mucho más allá que su poder adquisitivo. Dar a otros forma parte de una mentalidad de prosperidad. Le dice al subconsciente, por no decir que a todo el universo, que tienes más que suficiente para tus propias necesidades y que puedes compartir tu riqueza con otros. Este tipo de generosidad abarca más que los bienes financieros. Puedes compartir tu tiempo y tus talentos, al igual que tu tesoro. Cuando das de tu tiempo para ayudar a otros, dices que tienes tiempo suficiente para lo que es importante. Cuando das de tus esfuerzos, indicas que posees suficiente valor para compartir. Cuando das de tu amor y tu cuidado, indicas que tienes abundancia de amor en tu vida. Recuerda que la definición de éxito es tener más que suficiente tiempo, valor, amor, energía y riquezas para compartir. Si alguna vez te vuelves a sentir agotado, agobiado y mal pagado, busca algo por lo cual sentirte agradecido y una forma en la que puedas dar a otros, e inmediatamente te sentirás más exitoso y feliz también.

## El legado de tu vida

Recuerda que en el capítulo 1 visualizaste tu propio funeral y viste dos versiones diferentes de cómo los demás habían visto tu vida.

Pero la verdad es que estás forjando ese legado con cada minuto de tu vida. De ti depende que escojas cómo vivirás y por qué cosas te recordarán. Tal como el propósito de tu vida, redactar el legado de ella es una herramienta poderosa que ayuda a guiar tus decisiones. Toma unos cuantos minutos para hacer lo siguiente:

1. Cierra tus ojos e imagina tu funeral. ¿Quiénes están allí? ¿Qué dicen de ti? ¿Fuiste amado por muchas personas? ¿Te reconocieron como líder en tu negocio o comunidad? ¿Cuáles son los aspectos de tu vida que las personas más mencionan?

2. Mira a la persona que se levanta a dar tu homenaje. ¿Qué dicen de ti? ¿Te alegra escuchar lo que tienen que decir? ¿Qué cosas tendrían el mayor significado si se incluyeran en ese homenaje?

3. Abre tus ojos y escribe el legado que deseas dejar cuando mueras. ¿Qué efecto habrás tenido en el mundo? ¿Qué habrás logrado? ¿Cuáles relaciones habrán sido importantes? ¿Qué contribuciones has hecho? ¿Qué hiciste con tu tiempo sobre la tierra? ¿Por qué cosas te sientes agradecido? ¿Cuál fue tu legado? Piensa como si eso fuera una combinación de tu testamento y tu obituario. Declara lo que quieras que digan de ti los que te conocen y el mundo en general.

En última instancia, el verdadero éxito tiene muy poco que ver con los resultados de tu vida y tiene todo que ver con cómo te sientes con lo que has hecho con tus días sobre la tierra. Todos vamos rumbo al mismo destino, que es dos metros bajo tierra. En la mayoría de las lápidas, verás el nombre de la persona y sus fechas de nacimiento y de muerte, con un guión entre ellas. Al final, lo que verdaderamente importa no es la fecha de tu muerte ni de tu

# Lámpara de tu legado de toda la vida

## ¿Qué clase de legado te gustaría dejar?

nacimiento, sino cómo habrás vivido en el transcurso de lo que indica ese guión. Y fíjate que *es* un guión breve: tu vida habrá terminado antes de que te des cuenta. Tu trabajo habrá terminado y tus hijos habrán crecido; habrás hecho tu contribución al mundo, o no, en un abrir y cerrar de ojos. La manera en la que vivas ese guión determinará la felicidad que sientas y la calidad del legado que dejes.

## Una vida de satisfacción

Como nos han dicho los autores de grandes libros por cientos de años, el éxito no tiene que ver con lo que logramos, sino con cómo lo logramos. Si tus esfuerzos previos por lograr el éxito te han dejado agotado, agobiado y mal pagado, entonces espero que hayas aprendido a cambiar tus caminos. El éxito tiene más que ver con la persona en la que te conviertes durante el proceso de obtenerlo. Sabrás que has alcanzado el éxito cuando sientas una profunda paz mental, alegría, gozo, abundancia y confianza; cuando estés viviendo la vida que has diseñado, en la cual buscas sueños que tienen significado para ti y para tus seres queridos; y cuando te sientas agradecido por la vida que has recibido, y sientas el deseo de compartir tus dones de tiempo, talento y tesoro con otros.

¿Habrá desafíos? Siempre. Como dijera Norman Vincent Peale: Las únicas personas que carecen de problemas se encuentran en el cementerio. «Los problemas son señales de vida», dijo. Los problemas también son señal de que es hora de extender tu comodidad para que puedas manejar responsabilidades mayores y oportunidades mayores. Quizás no sea fácil, pero siempre valdrá la pena hacer el esfuerzo por extenderte y crecer más allá de tus límites actuales.

El verdadero éxito es un tesoro que no puedes gastar ni perder y ni siquiera te lo pueden robar, porque es parte de la persona en la que te has convertido. Cuando vives una vida en la que sigues tus sueños, y estos hacen que la vida sea mejor no solo para ti sino también para tus seres queridos, tu comunidad, y quizás hasta el mundo en general, entonces tu éxito está garantizado. Las personas estarán llenas de amor y aprecio por tu vida y podrás sentir orgullo y mucha paz, sabiendo que el mundo es mejor por el tiempo que pasaste en él.

¡Te deseo un viaje lleno de emoción y satisfacción del estrés al éxito!

# Recursos

Para obtener todos los formularios que aparecen en este libro y dos capítulos adicionales, por favor acude a: www.louisbarajas.com.

# Referencias

### Libros

Bach, David, *El millonario automático: Un plan poderoso y sencillo para vivir y acabar rico,* Vintage, Nueva York, 2006.

Barajas, Louis, *El camino a la grandeza financiera: Los diez pasos para crear riqueza, seguridad y un futuro próspero para usted y su familia,* Rayo, Nueva York, 2003.

——————————, *Microempresa, Megavida: Cinco pasos para una gran vida a través de tu pequeña empresa,* Grupo Nelson®, Nashville, TN, 2007.

Collins, Jim, *Empresas que sobresalen: Por qué unas sí pueden mejorar la rentabilidad y otras no,* Grupo Editorial Norma, Cali, Colombia, 2002.

Eker, T. Harv, *Los secretos de la mente millonaria: Cómo dominar el juego interior de la riqueza,* Editorial Sirio, Málaga, España, 2006.

Ferriss, Timothy, *The 4-Hour Workweek: Escape 9–5, Live Anywhere, and Join the New Rich*, Crown Publishers, Nueva York, 2007.

Rath, Tom, *StrengthsFinder 2.0*, Gallup Press, Nueva York, 2007.

Sullivan, Dan, *The Laws of Lifetime Growth: Always Make Your Future Bigger than Your Past*, Berrett-Koehler Publishers, San Francisco, 2006.

Ury, William, *El poder de un no positivo: Cómo decir no y sin embargo llegar al sí*, Grupo Editorial Norma, Cali, Colombia, 2007.

## Reportes y artículos

Bernstein, Jared y Lawrence Mishel, "Economy's Gains Fail to Reach Most Workers' Paychecks", *EPI Briefing Paper #195*, Economic Policy Institute, Washington, D.C., 3 septiembre 2007.

Bond, James T., con Cindy Thompson, Ellen Galinsky y David Prottas. "Highlights of the 2002 National Study of the Changing Workforce: Executive Summary", Families and Work Institute, Nueva York, 2002.

Galinsky, Ellen, "Dual-Centric: A New Concept of Work-Life. Condensed from *Leaders in a Global Economy*" por Ellen Galinsky, Kimberlee Salmond y James T. Bond del Families and Work Institute; Marcia Brumit Kropf y Meredith Moore de Catalyst; y Brad Harrington del Boston Center for Work & Family, Families and Work Institute, Nueva York, 2003.

——————, James T. Bond, Stacy S. Kim, Lois Backon, Erin Brownfield y Kelly Sakai, "Overwork in America: When the Way We Work Becomes Too Much: Executive Summary", Families and Work Institute, Nueva York, 2004.

——————, Stacy S. Kim y James T. Bond, *Feeling Overworked: When Work Becomes Too Much*, Families and Work Institute, Nueva York, 2001.

Hout, Michael y Caroline Hanley. *The Overworked American Family: Trends and Nontrends in Working Hours, 1968-2001*, documento de trabajo "A Century of Difference", Berkeley: The Survey Research Center, University of California, Berkeley, 2002.

Mishel, Lawrence, Jared Bernstein y Sylvia Allegretto, "The State of Working America 2006/2007". Un informe publicado por el Economic Policy Institute, Cornell University Press, Ithaca, NY, 2007.

"Questions and Answers about Generation X/Generation Y: A Sloan Work & Family Research Network Fact Sheet". Sloan Work and Family Research Network, Escuela de postgrado de Trabajo Social del Boston College. Chestnut Hill, MA, diciembre 2006.

"Questions and Answers about Overwork: A Sloan Work & Family Research Network Fact Sheet". Sloan Work and Family Research Network, Escuela de postgrado de Trabajo Social del Boston College. Chestnut Hill, MA, diciembre 2006.

Reh, F. John, "Pareto's Principle: The 80-20 Rule", publicado en la Internet en www.management.about.com/cs/generalmanagement/a/Pareto081202.htm.

"Salary.com Survey Reveals Disconnect Between Employers' Perceptions on Employee Job Satisfaction Factors and Why Employees Stay or Leave a Job". Comunicado de prensa fechado 30 enero 2006. www.salary.com, Waltham, MA.

Senior, Jennifer, "Can't Get No Satisfaction", *New York Magazine*, 27 noviembre 2006.

"25-Year Trend Data Facts", Ensayo del Families and Work Institute, Nueva York, 2002.

Webster, Bruce H., Jr. y Alemayehu Bishaw, U.S. Census Bureau, American Community Survey Reports, ACS-08, *Income, Earnings, and Poverty Data from the 2006 American Community Survey*, U.S. Government Printing Office, Washington, D.C., 2007.

"Work, Stress, and Health", Conferencia del National Institute for Occupational Safety & Health, 1999.

## Páginas web

www.bc.edu/cwf (The Boston College for Work & Family)

www.carddata.com

www.cardtrak.com

www.epi.org (The Economic Policy Institute)

www.familiesandwork.org (Families and Work Institute)

www.4hourworkweek.com

www.salary.com

# Reconocimientos

No hay hombre o mujer que pueda lograr algún nivel de éxito sin la ayuda de su cónyuge. Angie es mi mejor parte, y eso lo digo con toda sinceridad. Ella me ha hecho ser una persona mucho más llena de amor que lo que habría sido por mí mismo.

Aaron Muñoz y Gilbert Cerda, mis socios en Louis Barajas, Wealth Planning, me han dado alas para volar. Toman todos mis materiales y herramientas y los usan para transformar las vidas de nuestros clientes a diario. Mis colaboradoras Isabel y Diane mantienen nuestra empresa en marcha de modo uniforme. Mi hijastro, Eddie Romero, me ha ayudado mucho en la creación de los múltiples formularios que nuestros clientes emplean para planificar sus vidas y su futuro financiero.

Victoria St. George de Just Write Literary & Editorial Partners, LLC, ha sido mi socia de redacción desde el principio. Ella toma mis palabras y les da ese toque adicional que me permite expresarme en maneras especiales.

El equipo de la editorial Thomas Nelson ha depositado una fe tremenda en mi trabajo. Gracias por su compromiso continuo con mi mensaje y por ayudarme a enviarlo hasta lo último de la tierra.

A Shannon Miser-Marven, mi agente literaria de Dupree Miller & Associates: gracias por no darse por vencidas conmigo. Como pequeño pez en el gran lago de ustedes, aun así lograron sacar el tiempo para atenderme.

A mis patrocinadores anteriores y actuales: no puedo agradecerles lo suficiente. En el pasado me abrieron las puertas a las oportunidades que han sustentado mi carrera de autor. Me han ayudado a compartir mi mensaje al darles acceso a otras personas a mis libros cuando de otro modo nunca los habrían leído.

A todos mis clientes y lectores que creen que la planificación financiera tiene que ver con la experiencia humana y no tan solo con la monetaria: gracias por su confianza y fe en nuestros resultados.

Finalmente gracias a mis padres y parientes políticos, que nos brindan a Angie y a mí un apoyo emocional ilimitado y un amor incondicional. Cuando Angie y yo caemos en la trampa de sentirnos agotados, agobiados y mal pagados, ustedes nos muestran lo que significa tener verdadero éxito y abundancia sin importar cuánto dinero haya en el banco. Gracias a ustedes somos mejores personas. Gracias a su apoyo nuestras vidas tienen mucho menos estrés y mucha más felicidad.

# Acerca del autor

Louis Barajas, el hijo de inmigrantes mexicanos, nació en el barrio latino del este de Los Ángeles. Obtuvo su maestría en Administración de Empresas, sacó el título de Planificador Certificado de Finanzas y empezó su propia firma de planificación financiera en el Este de Los Ángeles. Su meta es crear una revolución económica para la clase trabajadora, para ayudarla a obtener mayor abundancia por medio de decisiones más inteligentes en las finanzas. Para saber más de Louis Barajas visite www.louisbarajas.com.

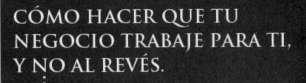

CÓMO HACER QUE TU
NEGOCIO TRABAJE PARA TI,
Y NO AL REVÉS.

LOUIS BARAJAS
PREFACIO DE DAVID BACH
AUTOR DEL ÉXITO DE LIBRERÍA
EL MILLONARIO AUTOMÁTICO

MICRO
EMPRESA
MEGA
VIDA

CINCO PASOS
PARA UNA GRAN VIDA A TRAVÉS
DE TU PEQUEÑA EMPRESA

ISBN: 9780881132229

GRUPO NELSON
Desde 1798

Para otros materiales, visítenos a:
gruponelson.com